西部地区
农村留守老人关爱服务体系研究

王武林 ◎ 著

中国社会科学出版社

图书在版编目(CIP)数据

西部地区农村留守老人关爱服务体系研究/王武林著.—北京：中国社会科学出版社，2022.5
ISBN 978-7-5227-0066-3

Ⅰ.①西… Ⅱ.①王… Ⅲ.①农村—老年人—社会服务—研究—西南地区②农村—老年人—社会服务—研究—西北地区　Ⅳ.①D669.6

中国版本图书馆 CIP 数据核字（2022）第 061773 号

出 版 人	赵剑英
责任编辑	梁剑琴
责任校对	闫　萃
责任印制	郝美娜

出　　版	中国社会科学出版社
社　　址	北京鼓楼西大街甲 158 号
邮　　编	100720
网　　址	http：//www.csspw.cn
发 行 部	010-84083685
门 市 部	010-84029450
经　　销	新华书店及其他书店
印　　刷	北京君升印刷有限公司
装　　订	廊坊市广阳区广增装订厂
版　　次	2022 年 5 月第 1 版
印　　次	2022 年 5 月第 1 次印刷
开　　本	710×1000　1/16
印　　张	12.5
插　　页	2
字　　数	186 千字
定　　价	68.00 元

凡购买中国社会科学出版社图书，如有质量问题请与本社营销中心联系调换
电话：010-84083683
版权所有　侵权必究

序　言

　　人口老龄化是我国未来相当长一个时期的基本国情。有效应对我国人口老龄化，事关国家发展全局，事关亿万百姓福祉，事关社会和谐稳定。2021年，中共中央、国务院发布的《关于加强新时代老龄工作的意见》，对着力解决老年人的"急难愁盼"，满足老年人多层次、多样化需求将发挥重要指导作用，必将有力引领新时代老龄工作高质量发展。这是时隔21年后中央再次出台高规格文件，把积极老龄观、健康老龄化理念融入经济社会发展全过程，充分彰显了党对老龄工作的全面领导，成为取得积极应对人口老龄化成效的根本保证。进入新时代，中国人口老龄化的形势发生了很大变化。2021年年底我国65岁及以上老年人比例达到14.2%，标志着我国已经从老龄化社会进入老龄社会。预计到2050年，我国60岁及以上老年人口将达到5亿人左右，80岁及以上高龄老年人将达到1亿多人。这就需要我们"走出一条中国特色积极应对人口老龄化道路"，以此作为新时代老龄工作的方向，作为新时代实施积极应对人口老龄化国家战略的行动指南。

　　习近平总书记强调，共同富裕是社会主义的本质要求，是中国式现代化的重要特征，要坚持以人民为中心的发展思想，在高质量发展中促进共同富裕。实现共同富裕需要持续缩小东中西部地区之间和城乡之间的差距，需要不断满足不同群体对美好生活的需要。而西部地区农村留守老人是我国老年人的重要组成部分，是实现共同富裕、实施积极应对人口老龄化国家战略和实施乡村振兴战略需要重点关注的群体，研究解决他们的问题有助于促进国家战略的实施。《西部地区农村留守老年人关爱服务体系研究》基于中国老年社会追踪调查数据以及在贵州省、四川省、云南省等地区的个案访谈和问卷调查数据，在积极老龄观和健康老龄化理念指导下，扎根中国西部农村养老的发展现实，分析刻画了西部地区农村留守老人的生活状况，揭示了西部地区农村

守老人面临的老年风险及其广泛影响，分析了西部地区农村留守老人的社会支持状况，研究了西部地区农村留守老人的关爱服务需求与供给，提出了西部地区农村留守老人关爱服务体系的建设框架，同时基于大数据视角以贵州为例探讨了构建农村留守老人关爱服务体系的具体路径。作者的研究思路清晰，研究方法科学，研究数据翔实，研究观点鲜明，研究论证充分，研究结论可靠。

《西部地区农村留守老年人关爱服务体系研究》丰富了实施积极应对人口老龄化国家战略的理论与实践成果，是"走出一条中国特色积极应对人口老龄化道路"的有益探索，对西部地区构建农村留守老人关爱服务体系具有重要参考价值，同时对学界同行开展农村留守老人领域研究提供了借鉴，也为社会老年学人才培养提供了较好的教学科研素材。

中国人民大学副校长
中国老年学和老年医学学会副会长 2022 年 4 月 25 日

目 录

第一章 绪论 …………………………………………………………（1）
  第一节 研究背景及意义 …………………………………………（1）
  第二节 研究目标、框架及内容 …………………………………（4）
  第三节 研究方法与数据来源 ……………………………………（6）
  第四节 相关概念界定 …………………………………………（10）

第二章 研究综述 …………………………………………………（18）
  第一节 农村留守老人问题研究 ………………………………（18）
    一 总量及分布及特征 ……………………………………（20）
    二 家庭结构、居住方式与经济供养 ……………………（23）
    三 生活照料与精神慰藉 …………………………………（28）
    四 健康状况与医疗状况 …………………………………（33）
    五 农业生产和家务劳动 …………………………………（36）
  第二节 农村留守老人关爱服务体系研究 ……………………（37）
    一 农村留守老人关爱服务体系的理论基础
       与服务内容 ………………………………………………（38）
    二 农村留守老人关爱服务对象需求与责任主体 ………（39）
    三 构建农村留守老人关爱服务体系建议 ………………（40）
  第三节 农村留守老人研究评述 ………………………………（41）

第三章 西部地区农村留守老人现状与特征 ……………………（43）
  第一节 西部地区农村留守老人基本状况与特征 ……………（43）
    一 人口特征 ………………………………………………（43）
    二 经济状况 ………………………………………………（45）
    三 健康状况 ………………………………………………（47）

四　社会保障状况 …………………………………………（48）
  第二节　西部地区农村留守老人生活现状 ………………………（48）
    一　社区生活环境 …………………………………………（49）
    二　居住环境 ………………………………………………（50）
    三　经济收入 ………………………………………………（51）
    四　健康状况 ………………………………………………（52）
    五　居住方式 ………………………………………………（53）

第四章　西部地区农村留守老人面临的老年风险与影响 …………（55）
  第一节　西部地区农村留守老人老年风险现状 …………………（55）
    一　健康风险 ………………………………………………（55）
    二　照料风险 ………………………………………………（58）
    三　收入风险 ………………………………………………（59）
    四　养老风险 ………………………………………………（62）
    五　婚姻风险 ………………………………………………（66）
    六　死亡风险 ………………………………………………（68）
    七　家庭风险 ………………………………………………（70）
    八　社会风险 ………………………………………………（72）
    九　角色风险 ………………………………………………（74）
    十　子女风险 ………………………………………………（75）
  第二节　农村留守老人老年风险的影响 …………………………（80）
    一　老年风险对精神状态的影响 …………………………（80）
    二　老年风险对家庭结构的影响 …………………………（81）
    三　老年风险对养老的影响 ………………………………（83）
    四　老年风险对社会的影响 ………………………………（87）

第五章　西部地区农村留守老人社会支持状况 ……………………（90）
  第一节　农村留守老人正式社会支持状况 ………………………（90）
    一　政府支持 ………………………………………………（90）
    二　社区支持 ………………………………………………（93）
  第二节　农村留守老人非正式社会支持状况 ……………………（96）
    一　家庭支持 ………………………………………………（96）

二　朋友邻里支持……………………………………………（98）
第六章　西部地区农村留守老人社会关爱服务状况…………（100）
　第一节　健康关爱服务状况………………………………（100）
　第二节　精神关爱服务状况………………………………（104）
　第三节　权益关爱状况……………………………………（112）
　第四节　日常生活关爱服务状况…………………………（115）
　第五节　照料关爱服务状况………………………………（122）
　第六节　制度保障关爱服务状况…………………………（126）
第七章　农村留守老人关爱服务的政策、实践、经验与
　　　　困境………………………………………………（130）
　第一节　农村留守老人关爱服务体系的政策与实践……（131）
　　一　政策体系………………………………………………（131）
　　二　地方性政策……………………………………………（136）
　　三　农村留守老人关爱服务实践…………………………（144）
　第二节　农村留守老人关爱服务体系实践困境…………（148）
第八章　新时代农村留守老人关爱服务体系构建……………（150）
　第一节　农村留守老人关爱服务体系建设理念与原则…（150）
　　一　建设理念………………………………………………（150）
　　二　建设原则………………………………………………（150）
　第二节　农村留守老人关爱服务体系内涵与服务内容…（151）
　　一　农村留守老人关爱服务体系内涵……………………（151）
　　二　农村留守老人关爱服务内容…………………………（152）
　第三节　农村留守老人关爱服务供给主体与工作机制…（155）
　　一　供给主体………………………………………………（155）
　　二　供给工作机制…………………………………………（157）
　第四节　农村留守老人关爱服务体系架构与保障机制…（158）
　　一　农村留守老人关爱服务体系架构……………………（158）
　　二　建立农村留守老人关爱服务保障机制………………（160）
　第五节　农村留守老人关爱服务体系技术与政策保障…（161）
　　一　建设技术保障…………………………………………（161）

二　政策保障 …………………………………………………（162）
第九章　大数据战略下农村留守老人养老服务供给路径：
　　　　以贵州省为例 ……………………………………………（164）
　第一节　大数据在留守老人关爱服务供给中的应用意义 ……（166）
　　一　创新传统供给方式 ………………………………………（166）
　　二　有利于提高供给决策的科学化水平 ……………………（166）
　　三　有利于促进养老服务供给公平性 ………………………（167）
　　四　有利于实现农村留守老人关爱服务的精准化供给 ……（168）
　　五　有利于留守老人更加便捷地享受关爱服务 ……………（168）
　第二节　大数据在农村留守老人关爱服务供给中的应用
　　　　　前景与领域 …………………………………………（169）
　　一　大数据在留守老人生活服务领域的应用 ………………（169）
　　二　大数据在留守老人健康护理领域的应用 ………………（169）
　　三　大数据在留守老人安全监护领域的应用 ………………（170）
　　四　大数据在留守老人精神慰藉领域的应用 ………………（170）
　第三节　大数据在农村留守老人关爱服务供给中的应用
　　　　　困境 …………………………………………………（171）
　　一　思想上：传统理念占主导地位 …………………………（171）
　　二　经济上：资金投入力度不足 ……………………………（172）
　　三　技术上：人才匮乏，应用不足 …………………………（172）
　　四　制度上：运行机制不够健全 ……………………………（173）
　　五　立法上：相关法律法规的缺失 …………………………（173）
　第四节　大数据助力贵州省农村留守老人关爱服务的
　　　　　供给路径 ……………………………………………（174）
　　一　供给的总体思路 …………………………………………（174）
　　二　供给的具体措施 …………………………………………（175）
参考文献 ………………………………………………………（178）

第一章

绪　　论

第一节　研究背景及意义

党的十八大以来，党中央国务院高度重视人口老龄化问题。党的十九届五中全会通过的《中共中央关于制定国民经济和社会发展第十四个五年规划和二〇三五年远景目标的建议》，提出"实施积极应对人口老龄化国家战略"。实施积极应对人口老龄化国家战略，事关国家发展全局，事关百姓福祉。习近平总书记在治国理政新实践中的一系列重要讲话精神，集中体现了积极应对人口老龄化挑战的基本战略思想，特别是在党的十九大报告中指出："积极应对人口老龄化，构建养老、孝老、敬老政策体系和社会环境，推进医养结合，加快老龄事业和产业发展。"[①] 为新时代老龄工作提出了要求、指明了方向。党的十九大报告要求：构建养老、孝老、敬老政策体系和社会环境，完善社会救助、社会福利、慈善事业、优抚安置等制度，健全农村留守老年人关爱服务体系。2018年，《中共中央、国务院关于实施乡村振兴战略的意见》明确提出加强农村社会保障体系建设，构建多层次农村养老保障体系，创新多元化照料服务模式，健全农村老年人关爱服务体系。2019年国务院办公厅发布的《关于养老服务发展的意见》提出，完善老年人关爱服务体系，建立健全定期巡访独居、空巢、留守老年人工作机制，积极防范和及时发现意外风险，推广"养老服务

[①] 习近平：《决胜全面建成小康社会　夺取新时代中国特色社会主义伟大胜利——在中国共产党第十九次全国代表大会上的报告》，人民出版社2017年版。

顾问"模式，发挥供需对接、服务引导等作用。可见，党中央、国务院对于农村留守老人关爱服务体系的高度重视。西部地区农村留守老人是实现共同富裕、实施积极应对人口老龄化国家战略和实施乡村振兴战略需要重点关注的群体，西部地区农村留守老年人关爱服务体系研究研究有助于促进国家战略的实施。

近年来，留守老人问题研究的焦点集中于养老、照料、健康、社会支持、经济供养、精神慰藉、权益保障、社会保障、生存状况与生活质量等方面。田雪原、李强、杜鹏、唐钧、周福林、杨菊华、叶敬忠、孙鹃娟、丁志宏、蔡蒙、李树茁、张文娟、郇建立、王全胜、周祝平等专家学者从不同视角对留守老人问题进行了研究，成果涉及留守老人的数量、特征、分布、经济状况、家庭结构、照料、健康与医疗保障、精神慰藉、居住安排、社会支持、幸福感等方面。叶敬忠等认为留守老人是人口老龄化与城市化双重作用的结果，数量庞大的留守老人将对我国经济社会发展、社会保障、家庭结构、人际关系等产生重大影响。[1] 留守老人作为弱势群体具有高龄化、独居、隔代、丧偶、健康状况差等特征。杜鹏等认为大量农村青壮年农民工外出务工使家庭小型化、核心化，代际关系改变，家庭养老功能弱化。[2] 劳动力的迁移对留守老人产生了双重影响。张文娟和孙鹃娟认为子女外出务工有利于增强子女的经济供养能力，改善老人的医疗状况，同时，留守老人由照料接受者向照料提供者转变，导致潜在照料人数的减少和家庭养老质量的降低，可获得的医疗卫生条件和医疗资源减少，造成留守老人福利和健康状况恶化。[3] 农村劳动力外出，家庭结构变化，老人与子女间时空距离增加，靠家庭和子女来提供精神慰藉的难度增大，从而使留守老人缺少亲情慰藉，孤独感增强。Aboderin Isabella 认为现代化和城市化的过程已经破坏了扩展家庭和它作为老人支持资源

---

[1] 叶敬忠、贺聪志：《农村劳动力外出务工对留守老人经济供养的影响研究》，《人口研究》2009年第4期。

[2] 杜鹏等：《流动人口外出对其家庭的影响》，《人口研究》2007年第1期。

[3] 张文娟、孙鹃娟：《劳动力迁移过程中的农村留守老人照料问题研究》，《人口学刊》2006年第4期。

的功能。① 可见，在当前社会保障体系不健全与城乡二元体制下，学者认为留守老人的弱势身份使其仍然面临严峻的健康、照料、社会支持、精神慰藉等问题，并提出构建社会养老服务体系以化解留守老人诸多问题，但较少提及构建留守老人关爱服务体系。

同时，学者对农村留守老人关爱服务体系的研究主要集中于服务内容、责任主体、理论基础以及关爱服务活动等方面。赵排风指出关爱服务体系构建应以马克思主义人本思想作为理论支撑和指导，而且社会保障体系和社会养老服务体系建设也应该达到一定水平。② 李乐、叶欣从不同的角度对农村留守老人关爱服务体系责任主体进行了研究，他们虽有观点的不一致，但是都认为农村留守老人关爱服务体系建设需要责任主体多元化，政府、社会组织、村组、社区、公众以及子女都应当为关爱服务体系建设贡献力量已经成为共识。③④ 许毅认为，农村留守老人关爱服务体系的构建应从建立生活保障网、打造关爱服务平台、关注社会力量、营造尊老爱老的社会氛围四个方面入手。⑤ 苏道义还认为需要通过加快农村幸福院、老年餐桌、日间照料中心、关爱服务中心等农村养老机构的建设，夯实关爱服务体系的载体，定期为留守老人开展生活照料、健康保健、亲情陪伴等敬老服务活动。⑥ 学者对农村留守老人关爱服务体系的研究越来越深入。

另外，随着大数据、互联网的使用以及智慧城市的发展，关爱服

---

① Aboderin Isabella, "Modernisation and Ageing Theory Revisited: Current Explanations of Recent Developing World and Historical Western shifts in Material Family Support for Older People", *Ageing & Society*, No. 24, 2004, pp. 29-50.

② 赵排风：《健全农村留守老人关爱服务体系的思想渊源和理论基础》，《经济研究导刊》2015 年第 3 期。

③ 李乐：《健全农村"三留守"人员关爱服务体系的建议》，《新西部》2014 年第 14 期。

④ 叶欣：《关爱农村留守老人 共建有效服务体系》，《中国社会报》2019 年 4 月 23 日第 2 版。

⑤ 许毅：《健全农村留守老人关爱服务体系》，《中国老年报》2015 年 3 月 17 日第 2 版。

⑥ 苏道义：《加强服务保障 完善关爱体系》，《社会福利》2014 年第 12 期。

务体系的构建也需要与时俱进。贵州省作为经济发展水平相对较为落后的地区，老年人的生活照料需求、医疗保健需求、精神慰藉需求等得不到有效的满足。这些都是与贵州省关爱服务体系的架构有着紧密的联系，尤其是脱贫地区。因为贵州省脱贫地区是农村留守老人最为集中，数量最大，问题最突出，关爱服务体系最迫切的地区。所以有必要开辟一条新的路径以满足时代发展过程中贵州省脱贫地区农村留守老年人的关爱服务需求。

综观既有留守老人问题的研究，涉及经济学、政治学、社会学、人口学、管理学、法学、医学、心理学等学科；研究多聚焦于留守老人问题的物质层面；代际视角、微观层面的探讨较多，对现状描述较多，理论层面探讨开始跟进。

农村是留守老人最为集中、数量最大、问题最突出、需求最迫切的地区。因此，在贵州省积极发展大数据产业的背景下，从大数据战略视角，充分运用大数据技术构建养老、孝老、敬老的政策体系和社会环境，构建贵州省脱贫地区高质、高效农村留守老人关爱服务体系，健全农村留守老年人关爱服务工作机制和基本制度，探索老年人关爱服务体系的内涵，明确关爱服务体系的主体责任划分，满足贵州省脱贫地区不同老年人的养老需求等方面具有重要的现实意义。同时，对贵州省乡村振兴战略实施、巩固拓展脱贫攻坚成果具有重要的现实意义和理论意义。

第二节 研究目标、框架及内容

本书的目标主要有两个方面：第一，本书运用调查数据和个案深度访谈数据较为全面地分析农村留守老人基本状况、社会支持状况、老年风险状况、关爱服务状况、关爱服务现状、关爱服务需求、关爱服务供给状况等内容；第二，在分析西部地区农村留守老人社会支持状况、关爱服务状况等内容的基础上，结合农村留守老人老年风险状况，以满足老年人日益增长的美好生活需要为出发点，借助大数据技术，基于城乡发展均衡化、公共服务均等化的理念，以提高农村留守老年人老年风险抵御能力为落脚点，从农村留守老人关爱服务体系内涵着手，建立关爱服务工作机制和基本制度，并提出运用大数据技术实现农村留守老人关爱服务供给的现实路径。

本书的研究框架主要是：第一，从居住环境、农村社区环境、经济收入、健康状况、居住方式等方面展开研究，分析贵州省脱贫地区农村留守老人生活现状；第二，分析城市化与农村劳动力外出背景下留守老人遭遇的老年风险，评析老年风险分担机制；第三，从生活照料、生产帮助、精神慰藉、医疗保健、法律援助、安全服务、文化娱乐、农村社区建设等方面分析贵州省脱贫地区农村留守老人的关爱服务需求和供给状况；第四，基于乡村振兴战略，从内涵、供给内容、供给主体、供给模式、部门协同、职责界定等方面研究脱贫地区农村留守老人关爱服务体系架构；第五，从建设理念、指导思想与原则、工作机制、建设技术运用、政策保障措施等方面构建农村留守老人关爱服务体系框架，并从大数据角度探索实现路径，构建真正意义上的农村留守老年人关爱服务体系，增进脱贫地区留守老人福利。

留守老人弱势地位明显，子女外出务工对其家庭结构、代际关系、家庭养老、伦理观念等产生了深刻影响，使留守老人面临严峻的养老与照料挑战。在农村社会保障制度不健全、社会养老服务体系尚未建立、家庭支持减弱、社会支持网络缺失、农村公共服务产品缺少的情况下，家庭地位与社会地位的丧失，使留守老人面临的老年风险日益增大。老年风险的增加与社会支持的不足导致留守老人生活质量普遍较低。构建农村留守老人关爱服务体系，关键是关爱服务的有效供给。本书的研究内容如下：

第一，农村留守老人生活现状。主要包括：居住环境、农村社区环境、经济收入、健康状况、居住方式等方面。

第二，农村留守老人关爱服务需求与供给状况。主要从生活照料、生产帮助、精神慰藉、医疗保健、法律援助、安全服务、文化娱乐、农村社区建设等方面分析。

第三，农村留守老人关爱服务体系架构。基于乡村振兴战略，从关系服务体系内涵、供给内容、供给主体、供给模式、部门协同、职责界定等方面展开研究。

第四，农村留守老人关爱服务体系构建。基于大数据战略实施视角，从建设理念、指导思想与原则、工作机制、建设技术运用、政策保障措施等方面展开分析。

本书的重点主要是：

第一，农村留守老人面临的老年风险。构建关爱服务体系的重要目的就是化解农村留守老人的老年风险。因此，不仅要清楚认识农村留守老人的老年风险是什么，还要清楚老年风险的影响是什么，为构建关爱服务体系提供靶向性指导。

第二，构建农村留守老人关爱服务体系。本书的研究重点最终要聚焦于构建留守老人关爱服务体系，这是本书的主要意义。

第三，农村留守老人关爱服务供给。本书的研究重点最终要落脚于留守老人关爱服务供给，这是本书的主要价值。

第三节　研究方法与数据来源

本书使用的研究方法主要有：

定性研究与定量研究相结合。定性研究以个案访谈法和观察法为主，个案深度访谈剖析西部地区农村留守老人老年风险和关爱服务需求；定量研究以问卷调查法为主，对西部地区农村留守老人展开问卷调查，分析农村留守老人生活现状。

实证研究与政策研究相结合。在文献研究的基础上，提出老年风险等概念，实证分析农村留守老人老年风险和关爱服务需求，同时对既有政策进行梳理与总结，从而为农村留守老人关爱服务供给提供政策建议。

多学科交叉与比较研究方法相结合。综合运用人口学、社会学、管理学、法学等学科的理论与方法，确保研究的客观性；对留守老人与非留守老人的个体、老年风险、行为模式等差异进行比较研究，更准确地掌握留守老人需求，构建农村留守老人关爱服务体系。

为了达到研究的目标，本书使用的数据主要有两个：

第一，2018年中国老年社会追踪调查数据。本书使用的第一个定量数据是2018年中国老年社会追踪调查数据，该数据由中国人民大学老年学研究所负责组织调查，是一个全国性、连续性的大型社会调查项目，由中国人民大学联合全国各地的学术机构共同执行，对全国各地数百个社区的一万多户家庭进行抽样调查。调查内容包括老年人的个人基本信息、健康和相关服务、社会经济状况、养老规划与社会支持、心理感受、家庭与子女、老年参与等相关指标。2018年调查数据中老年人的总样本涵盖全国134个县、区，462个村、居，获得有效样本共11511人。

第二，个案访谈和问卷调查数据。本书在贵州省、四川省、云南省随机选择农村留守老人作为个案访谈对象，收集农村留守老人老年风险、社会支持、服务需求等方面的数据资料。个案访谈农村留守老人共99人，其中男性老人37人，女性老人62人（见表1-1）。同时，在贵州省脱贫地区对201名农村留守老人开展了问卷调查。

表1-1　　　　　　　　留守老人个案访谈基本情况

个案编号	性别	年龄（岁）	文化程度	婚姻状况
C01	女	62	高中	初婚
C02	男	63	小学	初婚
C03	女	64	小学	初婚
C04	女	60	初中	初婚
C05	女	61	初中	初婚
C06	男	60	小学	初婚
C07	男	61	中专	初婚
C08	女	63	小学	初婚
C09	男	72	初中	初婚
C10	女	60	小学	初婚
C11	男	64	小学	初婚
C12	男	63	小学	离婚
C13	女	70	小学	初婚

续表

个案编号	性别	年龄（岁）	文化程度	婚姻状况
C14	女	66	初中	初婚
C15	男	65	小学	初婚
C16	女	63	小学	丧偶
C17	男	60	大学	初婚
C18	女	62	初中	初婚
C19	女	81	中专	丧偶
C20	女	68	小学	初婚
C21	男	63	小学	初婚
C22	女	62	小学	初婚
C23	男	62	小学	初婚
C24	女	63	小学	初婚
C25	女	66	文盲	丧偶
C26	男	61	初中	初婚
C27	男	61	初中	初婚
C28	女	62	文盲	初婚
C29	女	61	初中	初婚
C30	女	70	初中	初婚
C31	女	79	高中	初婚
C32	女	63	中专	初婚
C33	男	78	小学	丧偶
C34	男	61	小学	丧偶
C35	女	61	小学	丧偶
C36	女	60	初中	初婚
C37	女	68	初中	初婚
C38	女	67	初中	初婚
C39	女	70	高中	初婚
C40	男	66	小学	初婚
C41	男	67	文盲	初婚
C42	女	64	初中	初婚
C43	女	60	大专	初婚
C44	男	66	大专	初婚

续表

个案编号	性别	年龄（岁）	文化程度	婚姻状况
C45	男	84	小学	初婚
C46	女	75	小学	初婚
C47	女	78	小学	初婚
C48	男	66	小学	初婚
C49	女	62	小学	初婚
C50	女	63	小学	离婚
C51	女	64	高中	初婚
C52	男	68	初中	初婚
C53	女	67	文盲	丧偶
C54	男	82	文盲	丧偶
C55	男	76	大专	丧偶
C56	女	65	文盲	离婚
C57	男	79	文盲	丧偶
C58	女	67	文盲	初婚
C59	女	76	文盲	丧偶
C60	男	73	大专	初婚
C61	男	60	文盲	初婚
C62	男	60	初中	初婚
C63	女	67	初中	初婚
C64	男	65	小学	丧偶
C65	男	68	小学	丧偶
C66	男	65	初中	丧偶
C67	女	88	本科	未婚
C68	男	84	文盲	丧偶
C69	女	62	初中	离婚
C70	女	67	小学	初婚
C71	女	60	小学	初婚
C72	女	67	文盲	初婚
C73	女	77	小学	丧偶
C74	女	78	高中	丧偶
C75	女	60	小学	初婚

续表

个案编号	性别	年龄（岁）	文化程度	婚姻状况
C76	女	77	文盲	丧偶
C77	女	60	小学	初婚
C78	女	76	本科	初婚
C79	女	60	文盲	初婚
C80	女	63	初中	丧偶
C81	女	72	文盲	丧偶
C82	女	61	高中	初婚
C83	男	70	小学	初婚
C84	女	70	初中	初婚
C85	女	60	小学	初婚
C86	女	65	本科	初婚
C87	女	64	初中	丧偶
C88	男	69	中专	初婚
C89	女	62	小学	丧偶
C90	女	72	小学	初婚
C91	男	76	小学	初婚
C92	男	61	初中	初婚
C93	男	60	小学	丧偶
C94	女	61	小学	丧偶
C95	男	67	初中	初婚
C96	女	65	小学	初婚
C97	女	60	文盲	初婚
C98	女	60	文盲	初婚
C99	男	73	小学	丧偶

资料来源：根据个案访谈资料整理。

第四节 相关概念界定

西部地区曾是我国扶贫脱贫的主战场，贫困面最大、贫困程度最深、贫困原因最复杂，脱贫攻坚难度大。本书在界定西部地区时，主要考虑两个方面的因素。一方面是经济发展水平。全国扶贫工作领导小组采用"631"指数法，即贫困人口占60%，农民人均纯收入较低的县数占30%，人均GDP低的县数和人均财政收入低的县数占10%，在全国中西部21个省区市确定了592个国家扶贫开发重点县地区，其中中部地区217个、西部地区375个、民族八省区232个；从国家扶贫开发重点县西部地区分布来看，重庆市14个、四川省36个、贵州省50个、云南省73个、陕西省50个、甘肃省43个、青海省15个、宁夏回族自治区8个、新疆维吾尔自治区27个、内蒙古自治区31个、广西壮族自治区28个。① 西部地区国家扶贫开发重点县占全国的63.3%。另一方面是地域性，根据《国家发展改革委关于印发西部大开发"十三五"规划的通知》（发改西部〔2017〕89号），将重庆市、四川省、贵州省、云南省、西藏自治区、陕西省、甘肃省、青海省、宁夏回族自治区、新疆维吾尔自治区、内蒙古自治区和广西壮族自治区12个省份（直辖市）作为西部大开发的区域。②

因此，综合以上两个因素，本书将重庆市、四川省、贵州省、云南省、陕西省、甘肃省、青海省、宁夏回族自治区、新疆维吾尔自治区、内蒙古自治区和广西壮族自治区11个省份确定为西部地区。为了样本能代表西部地区农村留守老人的情况，本书在使用全国性数据进行分析时，根据数据的省份变量从总样本中筛选西部地区的样本进行分析；同时，本书主要选择贵州省、四川省和云南省部分地区的农村留守老人作为个案访谈对象。

目前，学者主要从老年人户籍、年龄、子女外出原因、子女外出数量及外出时长、居住方式等方面对农村留守老人概念进行界定。具有代表性的观点主要有以下四类：

第一类观点认为，留守老人是由于种种原因农民工进城务工后无

---

① 国务院扶贫开发领导小组：《国家扶贫开发工作重点县名单》，http://www.cpad.gov.cn/art/2012/3/19/art_343_42.html。

② 国家发展改革委：《关于印发西部大开发"十三五"规划的通知》（发改西部〔2017〕89号），2017年1月11日。

法举家迁移流动，从而导致子女与老人分隔，留在进城农民工流入地的农村老年人。无法解决的后顾之忧和难以解决的现实问题，使农民工只能选择单身或夫妇双方外出，妻子、子女或父母只能留在农村，最终形成了与父母、子女分隔两地的局面，由此产生了一个新的弱势群体——留守老人。① 第二类观点认为，留守老人是子女外出后留守在户籍地的农村老年人。留守老人是指子女外出时留守在户籍地家的60岁以上（或65岁以上）的老年人。② 第三类观点认为，留守老人是全部子女长期外出务工的农村老年人。留守老人是那些因全部子女长期（通常半年以上）离开户籍地进入城镇务工或经商或从事其他生产经营活动而在家留守的农村老年父母。③ 第四种观点认为，留守老人是独居或仅与配偶共同居住的农村老年人。留守老人是指身边无子女共同生活，其自身又年老体衰，文化程度不高，只剩下自己或老两口独自生活的老人。④ 可见，学界在界定农村留守老人概念时，由于研究问题、研究目的、研究背景的不同，对农村留守老人概念作出不同界定，并在农村留守老人产生的原因、子女外出目的、老年人户籍等方面取得了一致共识。基于既有研究成果，本书从户籍、年龄、子女外出时间、子女外出目的等方面对农村留守老人进行界定。因此，本书认为农村留守老人是指因一个及以上子女外出务工三个月及以上，留守在外出务工子女户籍所在地的60岁及以上的农村老人。

20世纪90年代，学界开始关注和研究农村留守老人问题，既有研究涉及留守老人问题的诸多方面，但有关农村留守老人关爱服务体系的研究却是从2015年开始，很遗憾的是时至今日学界关于农村留守老人关爱服务体系尚未形成高度一致的认识和明确定义。留守老人

---

① 杜鹏、丁志宏等：《农村子女外出务工对留守老人的影响》，《人口研究》2004年第6期。

② 周福林：《我国留守老人状况研究》，《西北人口》2006年第1期。

③ 张艳斌、李文静：《农村"留守老人"问题研究》，《中共郑州市委党校学报》2007年第6期。

④ 王俊文：《基于土地征收视域下的农村"留守老人"问题研究——以江西赣南A镇为例》，《湖南社会科学》2012年第5期。

关爱服务体系的概念最早是因建立"三留守"（留守儿童、留守妇女和留守老人）人员关爱服务体系而提出。在"三留守"人员的关爱服务体系构建中，学者最早关注且取得较多研究成果的是留守儿童关爱服务体系研究领域，而有关留守老人和留守妇女关爱服务体系的研究都比较匮乏。从既有关爱服务体系研究中可以发现，关爱服务体系的建设需要政府主导，多方共同参与，需要财政资金保障等。关爱服务体系的内容不是单一的物质生活保障，还包括医疗卫生服务、心理健康服务、精神关爱服务、安全守护和权益保障等多方面。本书认为，农村留守老人关爱服务体系是以促进农村留守老人安享晚年生活为落脚点，以提升农村留守老人幸福感、获得感、归属感为目的，以政府为主导，以家庭为基础，以村集体为依托，以社会参与为支持，围绕留守老人晚年生活中的生活生产、照料护理、医疗健康、精神慰藉、休闲娱乐、文化教育、安全监护、权益保障等问题，提供的补偿性、全方位、信息化、智能化的社会支持体系。留守老人关爱服务体系包括生活关爱服务、健康关爱服务、精神关爱服务、权益维护关爱服务、文化教育关爱服务、生产关爱服务、照料关爱服务等方面内容。建立农村留守老人关爱服务体系有利于提高留守老人的生活满意度、获得感、幸福感和安全感，有利于实现"老有所养、老有所医、老有所为、老有所学、老有所乐"。

德国社会学家贝克把现代社会称为风险社会，吉登斯认为现代社会的风险就是"人为制造的不确定性"。国内学者认为，给个人与社会带来损失的事件发生的不确定性与后果，即是社会风险。[1] 由于经济社会发展可能停滞、社会结构紧张、社会系统复杂、现代性的不确定性，中国处于"风险共生"下的高风险社会；当前，中国存在社会目标单一、社会结构失衡、社会关系失调、社会冲突增生四大社会风险源。[2] 社会风险就是社会损失的不确定性，导致社会风险的直接原因是非自致性损失和无补偿损失，其根本原因是竞争的不公平和社会

---

[1] 宋林飞：《社会风险指标体系与社会波动机制》，《社会学研究》1995年第6期。
[2] 童星：《社会管理创新八议——基于社会风险视角》，《公共管理学报》2012年第4期。

分配的不公平；只要还存在不公平竞争，就会有社会风险；只要社会保障制度不健全，社会分配不公平，就会产生社会风险。[①]

本书认为老年风险是随着年龄增长而不断增加的压力、冲突、矛盾、困境、不确定性、损失与负性（消极）事件等的总和。老年风险主要由健康风险、照料风险、家庭风险、养老风险、收入风险、婚姻风险、子女风险、死亡风险、角色风险和社会风险十类风险构成。

西部地区农村留守老人具有与其他地区不同的特点，主要是由地域劣势和发展劣势决定的。从地域劣势上而言，留守老人地处西部地区，虽然经过国家西部大开发战略实施，西部地区的生活和生产条件、基础设施建设、医疗、卫生、教育、交通等得到了较大的改善，但与中部、东部地区相比仍然还有很大差距，留守老人资源缺乏、抵御老年风险的能力较低仍然是主要问题；从发展劣势上而言，留守老人地处贫困地区，经济发展滞后，地区发展理念陈旧，公共政策体系不完善，特别是相关老龄政策体系还未健全，留守老人缺乏制度保障。随着年龄的增长，留守老人年龄劣势、家庭劣势、社会劣势等更加凸显，留守老人面临更多自身、家庭以及社会的风险，成为社会庞大的弱势群体之一，留守老人的弱势身份特征决定了他们在老年时期用于应对老年风险的资源较少。因此，老年风险是西部地区留守老人面临的困境与挑战。

健康风险：健康风险主要体现为疾病风险，疾病风险是农村留守老人因患病而遭受的健康损失。疾病风险是农村留守老人首要风险。进入中老年期后，人体生理功能发生多方面的退行性变化，随着年龄的增长，身体健康状况越来越差，疾病风险快速增加，导致农村留守老人将面临巨大的健康损失和经济损失，特别是在医疗保障体系尚未健全的情况下，农村留守老人借助现有的医疗保障体系难以抵御疾病风险，农村留守老人健康需求难以获得满足和保障。当农村留守老人面临此种境况时，需要借助外力为其提供一定的帮助与支持，从而在

---

① 冯必扬：《社会风险：视角、内涵与成因》，《天津社会科学》2004年第2期。

某种程度上化解此类风险。此类风险主要来源于老年人自身和其家庭成员。

照料风险：照料风险是个体在老年期日常生活不能自理需要他人照顾从而给个人、配偶、子女或社会造成的压力，此种压力随着年龄的增加而增加。我国城乡老年人口的预期寿命越来越长，人口老龄化呈现的高龄化、失能化特征显著，而农村人口老龄化程度高于城市的现实，导致农村老年人口照料问题更为突出。个体随着年龄的增长，在进入老年期以后，伴随着患病率的提高和身体健康水平的下降，老年人的日常生活自理能力越来越弱，照料便成为老年人面临的普遍问题，也成为老年人老年期的重大老年风险之一。对于留守老人而言，由于居住方式变化、家庭结构、身体健康水平、家庭成员等方面都发生了变化，日常生活照料是他们面临的重大问题。

家庭风险：家庭风险是由于家庭结构变化导致家庭关系、家庭观念等方面的变化，从而产生的家庭冲突与家庭矛盾。家庭结构小型化带来家庭关系简化的同时，也造成了家庭观念的变化，而家庭观念变化所产生的代际矛盾与代际冲突，使农村留守老人面临严峻的家庭风险。中国社会结构急剧转型与经济体制转轨，导致家庭结构向小型化和核心化转变，家庭成员价值观念多元化，家庭观念与家庭关系随之也发生了根本性的改变。家庭观念的变化导致家庭代际关系松散，代际价值观冲突，代际交流困难，从而引起农村留守老人的焦虑、担心和情绪低落；同时，家庭关系的变化使农村留守老人生活的首属群体失去了满足个体多元化需求的功能，从而使农村留守老人的家庭风险增加。

养老风险：养老风险是因家庭养老功能弱化，农村留守老人晚年在情感、物质、照料等方面得不到子女提供相应资源的可能。家庭结构的变迁导致了家庭功能的变化，社会快速转型导致年轻人家庭观念的变化，特别是孝道观弱化现象普遍，从而使子女应为父母提供的情感、物质、照料等方面的支持受到影响，最终导致家庭传统的养老功能弱化，农村留守老人面临养老困境，需要寻求社会支持。另外，社会保障体系覆盖面虽然较广，但水平低，难以解决部分农村留守老人贫困化程度日益加重的问题。

收入风险：收入风险是由于老年人年老退休或无劳动能力导致经济收入减少甚至无经济收入而产生的晚年生活压力或生活焦虑。西部是中国脱贫人口最多的地区，是新时期巩固拓展脱贫成果的主战场，是全面建成小康社会的关键。西部地区留守老人主要经济收入来源结构单一，经济收入低，经济脆弱性强，随着年龄的增长，农村留守老人健康状况日益下降，劳动能力日益丧失，原有的以"自己劳动为主、子女经济补助为辅"的经济来源方式发生了根本改变。虽然农村社会养老保险已经覆盖了农村留守老人，但农村社会养老保险水平低。西部地区留守老人面临随着年龄增长，经济收入日益减少的风险，晚年的生活、看病、养老等问题的不确定性增强，留守老人对晚年生活产生巨大的焦虑和不安。

婚姻风险：婚姻风险是由于婚姻不稳定或离婚而导致生活、工作和精神受到影响和打击。根据质性分析结果来看，农村留守老人由于父母包办婚姻，家庭生活不和谐，情感生活不幸福，导致婚姻破裂。离婚后对子女、财产等方面的处置，往往容易导致更多的纠纷。同时，由于农村留守老人生活的时代背景不同，人们对离婚的认识和看法不一，社会对离婚的包容度低等，离婚被农村留守老人视为人生中最大的不幸，从而使妇女的生活、精神受到沉重的打击。婚姻不幸甚至使农村留守老人产生了自杀意念。

子女风险：子女风险是子女在养育和成长过程中由于身患重病、工作事业不顺利、婚姻家庭不和谐、不幸死亡等给老年人造成的压力和矛盾。子女出生后，成长过程中会遇到来自学业、事业、婚姻、家庭等方面的各种问题，老年人在抚育子女长大的过程中，要付出很多的时间、精力和金钱。对于老年人而言，子女是他们的未来和希望，甚至是他们活着的重要意义。但由于疾病、意外事故等原因，导致子女不幸死亡，这一事件对老年人的精神冲击和心理压力非常大，老年人难以接受子女死亡的事实，从而改变了老年人的家庭结构和家庭关系，改变了老年人心理状态和精神状态。

社会风险：社会风险是指由于对未来生活无法预知、无法掌控和无法确定而产生的一种对未来生活的恐惧和不安。社会急剧变革，社会观念多元化，人与人之间的关系变得微妙而复杂，促使个体面临的社会风险增加。由于老年人的年龄弱势、家庭弱势和社会弱势使老年人的家庭地位和社会地位下降，老年人用于抵御社会风险的资源有限，老年人试图寻求一种能保护其自己和家人的力量。另外，当前社会还未形成敬老、孝老和养老的政策体系和社会环境，老龄事业和老龄产业还处于起步发展阶段，老龄友好型社会环境和社会氛围还未形成。

角色风险：角色风险是老年人因角色转变而产生的角色适应和角色调适问题。老年期的角色转变与角色适应是老年人晚年应对的一个重要问题，老年人在家庭和工作领域面临角色转变与角色调适。老年人离开原工作岗位和工作单位，由一个"单位人"转变为一个完全的"家庭人"和"社会人"，老年人扮演的主要角色和生活环境发生了根本变化。退休后扮演的角色主要基于婚姻、血缘、亲戚等关系，退休后的生活环境基本以家庭为中心。因此，角色转变与角色调适造成老年人的社会地位以及家庭地位变化，从而导致角色冲突或角色中断。农村留守老年人角色转变和角色调适是其晚年阶段的生命事件中的一个重大事件。

死亡风险：死亡风险是指随着年龄的增长，老年人患病的可能性不断增加，老年人身体健康状况日益恶化，老年人心理开始产生对个体生命终结的恐惧、惊慌、不安、压力和矛盾。从个体的生命历程来看，进入老年期以后，个体老龄化步伐日益加快，离生命终点的距离越来越近，死亡风险增大。

第二章

研究综述

第一节 农村留守老人问题研究

改革开放40多年以来，中国经济快速发展，政治、社会、文化等领域发生巨大变化。农村土地制度由集体所有制向家庭联产承包责任制变革，农业劳动生产率的提高使大量农村劳动力从土地上解放出来，农村出现大量剩余劳动力。中国乡镇企业的发展和城镇化建设，户籍制度的改革，使大批的农村劳动力开始向城镇流动转移。中国经济迅速发展对劳动力的需求和城镇化步伐的加快，加速了农民由农村向城市的流动迁移，规模日益扩大。这不仅是农村居民理性选择的后果，更是中国工业化、城市化和现代化发展的必然。

由于受中国城乡分割的二元社会结构体制和自身条件的限制，大多数农民进城后，不仅无法享受到和城里人同等的待遇，在面对子女教育、就业住房、医疗保障等问题上更是束手无策。中国农村社会保障体系不健全，一方面，进城的农民工不能完全脱离土地，面临外出谋生后谁来管理土地的问题；另一方面，城里高昂的生活成本和复杂的生活环境，以及强流动性和生活的诸多不确定性，短期内无法实现整个家庭的迁移。无法解决的后顾之忧和难以解决的现实问题，农民工只能选择单身或夫妇双方外出务工，妻子、子女或父母只能留在农村，最终形成了与父母、子女分隔两地的局面，农村由此产生了一个新的弱势群体——留守群体，即留守妇女、留守儿童和留守老人，学者形象地称为"386199"现象,其中,"99"指的就是留守老人。① 我国的留守家庭已达7000万户,涉及人口达2.4亿人,占全国总人口的近20%。② 其中,农村留守家庭占全部留守家庭的77%。有学者根据2000年的"五普"资料推算,我国60岁及以上的农村留守老人数量已达1800万人。③ 2012年我国流动人口数量已经达到2.36亿人,大批农村青壮年劳动力的外流不但加剧了农村人口老龄化的趋势,还形成了大量因子女外出务工而滞留农村的"留守老人"群体。④ 留守老人现象是中国人口老龄化以及社会转型过程中不可避免并将长期存在的社会现象,而且随着我国农村劳动力向城市的不断转移,农村留守老人群体的规模会越来越大。⑤

可以肯定的是,随着我国城市化进程的不断加快,农村大规模的人口流动还将持续,农村留守老人数量也将越来越多。而中国传统社会的家庭结构和家庭功能的变化与农村社会保障体系尚未健全的现实,使农村"留守老人"面临的社会风险日益增加,各种问题不断凸显,给国家、社会、家庭和个人提出了严峻的挑战。如何解决"留守老人"的经济供养和精神慰藉等问题,建立健全留守老人关爱服务体系,已经成为关系乡村振兴战略实施和构建社会主义和谐社会的一个重大问题,关系到国家的稳定和发展。随着城市化进程而出现的农村留守老人问题不会是暂时的,它作为一个社会问题,将会在一定时期内长期存在。

农村劳动力的外出,特别是妇女(儿媳或女儿)的外出,一方面,严重地减少了"留守老人"可获得的照料资源,他们承担了繁重的农业劳动和家务劳动;另一方面,"留守老人"需重扮父母的角色,

---

① 杜鹏、丁志宏等:《农村子女外出务工对留守老人的影响》,《人口研究》2004年第6期。
② 国家卫生计生委:《中国家庭发展报告》,中国人口出版社2014年版。
③ 周福林:《我国留守老人状况研究》,《西北人口》2006年第1期。
④ 宋月萍:《精神赡养还是经济支持:外出务工子女养老行为对农村留守老人健康影响探析》,《人口与发展》2014年第4期。
⑤ 叶敬忠、贺聪志:《农村劳动力外出务工对留守老人经济供养的影响研究》,《人口研究》2009年第4期。

承担照顾、监管"留守儿童"的责任。国家统计局的调查表明，2004年农村有10.8%的老年人生活不能自理，农村有上千万的老年人需要长期照料。子女外出后，来自家庭生产和生活的重任，以及照护孙辈的负担，双重压力使农村留守老人照料问题更加突出。在传统的家庭结构逐渐解体，家庭功能日益弱化，家庭支持网络逐渐缩小的情况下，留守老人弱势地位明显，子女外出务工对其家庭结构、代际关系、家庭养老、伦理观念等产生了深刻影响，使留守老人面临严峻的养老与照料挑战，"留守老人"的日常生活应由谁来照料？养老服务应由谁来提供？"留守老人"的关爱服务体系如何建立？这些问题有必要通过深入开展农村留守老人关爱服务体系研究来作出回答，对乡村振兴战略实施具有重大的理论和现实意义。

一 总量及分布及特征

目前，关于留守老人的界定有两种定义。一种定义认为，留守老人是指子女外出时留守在户籍地家的60岁以上（或65岁以上）的老年人。[1] 农村按照子女与老人是否一起居住（户口登记在一起），可以将老年人家庭分为三类：所有子女都与老人一起居住的家庭，部分子女与老人一起居住的家庭，所有子女都不和老人一起居住的家庭。另一种定义认为，农村留守老人是指子女至少有一个外出务工不在身边的老年人，他们因青壮年劳动力向城市转移后遗留在农村。还有学者认为，农村留守老人，指的是那些因全部子女长期（通常半年以上）离开户籍地进入城镇务工或经商或从事其他生产经营活动而在家留守的农村老年父母。[2] 或认为，留守老人是指身边无子女共同生活，其自身又年老体衰，文化程度不高，只剩下自己或老两口独自生活的老人。[3]

---

[1] 周福林：《国留守老人状况研究》，《西北人口》2006年第1期。

[2] 张艳斌、李文静：《农村"留守老人"问题研究》，《中共郑州市委党校学报》2007年第6期。

[3] 王俊文：《基于土地征收视域下的农村"留守老人"问题研究——以江西赣南A镇为例》，《湖南社会科学》2012年第5期。

可见，对农村留守老人概念的界定主要考虑了两个方面，主要是年龄和是否有子女外出务工。对农村留守老人概念的界定较为片面并存在一定分歧。我们认为应当从户籍、年龄、子女流动的地域和时间、子女流动目的几个方面来考虑。另外，农村很多不到60岁的农民，他们的子女实际上也在外出务工，他们是否应当被纳入农村留守老人群体还需研究。

中国农村究竟有多少留守老人？据推算，2000年中国农村留守老人总量约为1793.9万，占全国老年人的20.7%，居住农村的老人占75.7%，达到1358.3万人；镇留守老人占镇所有老人的13.72%，乡留守老人占乡所有老人的23.57%；在所有留守老人中，农村留守老人占绝大多数，高达82.94%。[1] 据《中国老龄事业发展报告（2013）》蓝皮书显示，2012年全国老年人口已达1.94亿人，大约有5000万的农村留守老年人。留守老人现象是中国人口老龄化以及社会转型过程中不可避免并将长期存在的社会现象，而且随着我国农村劳动力向城市的不断转移，农村留守老人群体的规模会越来越大。[2] 虽然对农村留守老人的规模没有专项统计数据，但是可以肯定的是，中国农村留守老人规模已达上千万，随着城市化进程的加快，他们的数量将不断增加。

外出务工者的地域分布可以反映出农村留守老人的地域分布。在跨省流动人口中，九成以上为16岁及以上的劳动年龄人口，具有较强劳动能力的青壮年人口是跨省流动人口的主流；四川、安徽、湖南、河南、湖北为人口流出大省，流出人口占跨省流动人口的五成。[3]

由于人口流动和迁移在地区之间存在明显差异，因此，留守老人分布在地区之间也表现出明显差异。中国留守老人的地区分布受本地区老年人总量和留守老人分布密度两个因素的影响，留守老人分布密

---

[1] 周福林：《我国留守老人状况研究》，《西北人口》2006年第1期。
[2] 叶敬忠、贺聪志：《农村劳动力外出务工对留守老人经济供养的影响研究》，《人口研究》2009年第4期。
[3] 中国人口网：《统计局研究报告：我国跨省人口流动呈现六大特点》，2007年5月31日。

度最高的地区依次是：江西（67.1%），安徽（52.8%），重庆（31.7%），海南（30.0%），四川（29.1%）；分布占全国留守老人比重较高的地区依次是：四川（91.0%），广东（8.2%），湖南（7.0%），江苏（6.7%），安徽（6.6%），河南（5.6%），江西（5.2%）。① 可见，农村留守老人比重的分布基本与人口流出大省的分布相一致。

农村留守老人的主要特征有以下几个方面：

（1）农村留守老人丧偶者多、女性多、健康状况差。从留守老人基本状况上看，以70岁及以上的老年人居多，丧偶老人占相当大的比重，留守老人健康状况差，老人身边有儿子的少，留守老人空巢家庭、独居家庭和隔代家庭多。②③ "留守老人"年龄分布呈现"倒金字塔形"，即"头重脚轻"的结构态势，其中60—72岁年龄段的老年人最多。④ 同时，留守老人中的女性要比男性多。

（2）农村留守老人文化程度低。调查显示，A镇927名"留守老人"中，有709位"留守老人"未接受过任何形式的教育，哪怕是政府主导督办的"扫盲识字班"，年龄均在60—75岁，⑤ 较低的文化程度使得农村留守老人只能从事单一的农业生产活动，经济收益低。

（3）基本生活缺乏保障，生活质量较差。农村留守老人的主要收入来源是自己本人或配偶的劳动收入，占63.7%，其次是外出子女的资助，占16.3%，再次是依靠未外出子女的资助，占13.3%。⑥ 八成左右的留守老人通过从事农业或其他副业来进行自养，土地的基本生

---

① 周福林：《我国留守老人状况研究》，《西北人口》2006年第1期。

② 孙鹃娟：《劳动力迁移过程中的农村留守老人照料问题研究》，《人口学刊》2006年第4期。

③ 胡强强：《城镇化过程中的农村"留守老人"照料》，《南京人口管理干部学院学报》2006年第2期。

④ 王俊文：《基于土地征收视域下的农村"留守老人"问题研究——以江西赣南A镇为例》，《湖南社会科学》2012年第5期。

⑤ 王俊文：《基于土地征收视域下的农村"留守老人"问题研究——以江西赣南A镇为例》，《湖南社会科学》2012年第5期。

⑥ 周祝平：《农村留守老人的收入状况研究》，《人口学刊》2009年第5期。

活保障功能不可忽视，外出子女是留守老人经济资源的主要供给主体，社会保障体系对农村留守老人的覆盖面很小，保障水平低，保障能力十分微弱。[①] 虽然留守老人能够得到家庭成员不同程度的经济支持，但是留守老人的经济收入普遍偏低。[②] 留守老人物质生活水平总体较低，大部分留守老人的收入水平很低，有42.3%的留守老人家庭收入低于1000元，按照中国的贫困线人均625元的标准，中国农村留守老人中有超过2/5的人处于贫困状态。[③] 性别差异对留守老人的收入也存在影响，男性留守老人的月收入普遍高于女性。[④]

（4）农村老年人文化生活匮乏。农村文化设施建设非常落后，公共文化活动匮乏，留守老人的闲暇生活主要以看电视、聊天、散步等活动为主，精神生活十分单调。留守老人的交往范围十分狭窄，以亲缘和地缘关系为基础的亲属交往和邻居、同辈群体交往是其社会交往的主要特征。[⑤] 农村老年人由于没有什么娱乐基础设施，因此老年人娱乐活动较少，休闲仅能依靠走亲访友、看电视、聊天等打发时间，在非农忙的季节大多数老年人认为自己很无聊。[⑥] 文化生活的缺失，使得留守老人的精神慰藉得不到满足，孤独感、空虚感较强烈。

二 家庭结构、居住方式与经济供养

国外研究认为，农村劳动力外流导致代际间更大的地理分离，减

[①] 叶敬忠、贺聪志：《农村劳动力外出务工对留守老人经济供养的影响研究》，《人口研究》2009年第4期。

[②] 吴仁明等：《留守老人的社会支持——以革命老区邛崃市孔明乡为例》，《中国老年学杂志》2013年第9期。

[③] 周祝平：《农村留守老人的收入状况研究》，《人口学刊》2009年第5期。

[④] 卢海阳、钱文荣：《子女外出务工对农村留守老人生活的影响研究》，《农业经济问题》2014年第6期。

[⑤] 李春艳、贺聪志：《农村留守老人的政府支持研究》，《中国农业大学学报》（社会科学版）2010年第1期。

[⑥] 韩梅、侯云霞：《河北省农村老年人生活状况研究——基于河北省XJ市JC镇的调查》，《河北农业科学》2009年第3期。

少了老人与子女同住在稳定的家庭环境中的机会,而且减弱了老年人生活在扩展家庭中的可能性。① 农村劳动力外流使农村家庭养老受到冲击,主干家庭取代了作为家庭养老基础的联合家庭,成为最常见的家庭结构,② 生活在非传统结构家庭中的老人的数量也呈上升趋势。③ 在发展中国家,农村居民年老时通常依靠扩展家庭的支持,而家庭结构现代化和城市化的过程,已经破坏了扩展家庭和它作为老年人支持资源的功能。④ 中国农村外出劳动力以青壮年男性为主,其妻子和子女留在家中,或夫妻外出而子女留在家中,瓦解了老年人传统的居住安排,形成祖孙隔代居住的安排。农民工的增加和社会流动性的增强,正改变着中国农村扩展家庭的性质,通常他们的子女外出后,留下老人自己生活。⑤

随着现代化、工业化和城市化的发展,对家庭结构和家庭规模产生了很大影响。家庭作为社会的基本细胞,家庭结构和功能在社会转型中逐渐发生了变化,中国人口家庭结构正趋于小型化、核心化。我国近年来家庭规模的变化,既受到生育水平降低、家庭结构变化等因素的影响,也受到人口流动导致的家庭分离因素的影响。⑥ 大量农村富余青壮年劳动力涌入城市,他们进城经商、务工、求学,以致农村家庭结构悄然发生变化,即由"核心化"家庭结构向"空心化"家

---

① Susan De Vos, Yean-Ju Lee, "Change in Extended Family Living Among Elderly in Sourth Korea1970-1980", *Economic Development and Cultural Change*, Vol. 41, No. 2, 1993, pp. 37-93.

② Wu, C. P., *The Aging of Population in China*, Malta: Union Print, 1991.

③ Gui, S. X., "Report from Mainland China: Status and Needs of Rural Elderly in the Suburbs of Shanghai", *Journal of Cross-cultural Gerontology*, Vol. 3, No. 2, 1988, pp. 149-167.

④ Aboderin Isabella, "Modernisation and Ageing Theory Revisited: Current Explanations of Recent Developing World and Historical Western shifts in Material Family Support for Older People", *Ageing & Society*, Vol. 24, 2004, pp. 29-50.

⑤ Dwayne Benjamin, Loren Brandt, Scott Rozelle, "Aging, Well-bing, and Social Security in Rural North China", *Population and Development Review*, Vol. 26, 2004, pp. 89-116.

⑥ 周福林:《我国留守家庭研究》,中国农业大学出版社 2006 年版。

庭结构转化。① 中国家庭户规模在20世纪50—70年代都大体稳定在4.23—4.43人；80年代后期90年代初，随着计划生育的推行和家庭意识的变化，独生子女增多，家庭户规模从1982年的4.4人下降到2005年的3.13人，家庭构成呈现小型化趋势。第七次人口普查数据显示：平均每个家庭户人口为2.62人，比2010年的3.10人减少了0.48人。② 农村劳动力的外出，已经对家庭结构产生了巨大的冲击，传统家庭结构的改变必然影响家庭功能的变化，家庭对留守老人提供的支持正在减少。

农村劳动力外出，往往会对留守老人的居住方式产生影响，正改变和重塑着老人的居住方式。留守老人居住方式的改变主要是由于家庭结构的变化引起的。国外学者认为，现代化的进程往往伴随经济的快速发展，导致家庭规模减小，主干家庭取代作为家庭养老基础的联合型大家庭；核心家庭逐渐占据主导地位，劳动力外流削弱了家庭赡养老年人的能力，老年人可获得的社会资源减少，为老年家庭成员带来可悲的后果。③④ 传统社会中，中国农村绝大多数家庭居住在扩展家庭中。⑤⑥ 改革开放以来，快速的经济增长和劳动力结构的改变，传统的居住方式已经瓦解，使许多准老年人和老年人与子女分开居住。⑦

研究表明，子女的外出务工使家庭结构趋于小型化，留守老人更

---

① 王俊文：《基于土地征收视域下的农村"留守老人"问题研究——以江西赣南A镇为例》，《湖南社会科学》2012年第5期。

② 宁吉喆：《第七次全国人口普查主要数据情况》，http://www.stats.gov.cn/ztjc/zdtjgz/zgrkpc/dqcrkpc/ggl/202105/t20210519_1817693.html。

③ Goode, W. J., *World Revolution and Family Patters*, New York: Free Press, 1970.

④ Yuan, F. *The Status and Role of the Chinese Elderly in Families and Society*, 1987.

⑤ Deborah Davis-Friedmann, *Long Lives—chinese Elderly and the Communist Revolution*, Harvard University Press, 1983.

⑥ Parish, Willian, Chonglin Shen, and Chi-Hsiang Chang, "Family Support Networks in the Chinese Countryside", Usc Seminar Series, No. 11, Hong Kong Institute of Asian-pacific Studies, 1991.

⑦ Raohel Murphy, "Return Migrant Entreprenears and Economic Diversification in Two Counties in South Jiangxi, China", *Journal of International Development*, No. 11, 1999, pp. 661-672.

多的居住在空巢家庭、隔代家庭和单身家庭中。① 大量的农村青壮年劳动力外迁使得农村的人口老龄化程度加重,农村老人在居住方式上的空巢化和隔代化不断提升。② 对于留守老人来说,子女外出会在一定程度上改变留守老人的居住方式,增加代际的空间距离。③ 子女外出后居住于主干家庭、联合家庭和核心家庭的留守老人比例明显下降,独居家庭和夫妻家庭的数量也明显减少,取而代之的是隔代家庭的比例剧增。随着外出儿子的增加,老年人隔代居住的比例上升,与子女同住的比例明显下降;在外出儿子有未成年子女的情况下,老年人在居住安排中选择隔代居住的可能性最高;儿子外出不仅减少了老年人共同居住的选择范围,而且是隔代家庭出现的主要原因。同时,农村子女外出使留守老人在居住方式上呈现空巢化和隔代化,留守老人比非留守老人更早进入空巢家庭、隔代家庭和单身留守家庭阶段。

可见,子女外出务工加速了农村家庭结构的转变,改变了中国农村老人在20世纪80年代以前普遍与他们的儿子一起或邻近居住的传统方式,夫妻户、独居户和隔代户增多,扩展家庭正向核心家庭或主干家庭过渡,在此过程中,农村留守老人居住方式的变化损害了他们应享有的福利。

目前,中国农村社会保障制度还不健全,留守老人可获得的正式支持不足。在相当长的时期内,家庭养老仍是中国农村的主要养老方式,由子女和家庭成员为老人提供经济供养是家庭养老的主要内容之一。在我国农村依靠子女或其他亲属提供生活来源的老人占59.6%,可见,子女是农村老人生活来源的最主要提供者。农村老人子女外出务工对老人的经济供养能力和供养意愿发生了变化。

子女外出务工对农村留守老人经济供养的影响国内外存在两种不同的观点。部分国外研究认为,子女外出务工有利于增强其对农村留

---

① 周福林:《我国留守家庭研究》,中国农业大学出版社2006年版。
② 孙鹃娟:《劳动力迁移过程中的农村留守老人照料问题研究》,《人口学刊》2006年第4期。
③ 贺聪志、叶敬忠:《农村劳动力外出务工对留守老人生活照料的影响研究》,《农业经济问题》2010年第3期。

守老人的经济供养能力。在相对贫穷的地区，子女的汇款主要用于家庭基本生活开支，在相对富裕的地区，则被用于建房、结婚和投资于小型企业。因此，与无子女迁移到城市的老人相比，有子女迁移到城市的老年人居住条件要好得多。[1] 通过对印度尼西亚村庄的研究发现，子女外出后会通过汇款等方式为父母提供更多的经济支持，绝大多数留守老人的经济和福利状况也因此得到改善。[2] 另一种观点认为，子女外出务工削弱了对老人的经济支持。[3]

部分国内学者认为子女外出务工有利于增强子女的经济供养能力，[4][5] 与国外研究结果类似。与国外相比，中国外出农民工给家庭汇款的比例最高，占农民工总体的75.1%；农民工汇款占农村居民家庭收入的比例较高，汇款占家庭总收入50%以上的家庭比例达46.3%，汇款占家庭总收入80%以上的家庭比例达22.3%；而且汇款是持续性的，已经成为农村居民稳定的生活来源。另一项对北京农民工的调查也得出相似的结果，绝大部分来京人口通过邮寄方式给留守老人汇款，而且外出子女给老人钱的比例和数量都高于留守子女，有53.1%的老人感到经济状况改善了。我国农村老年人的经济收入少，子女虽然对父母在经济上有一定的支持，但主要收入还是来源于老年人自己的农耕收入。[6]

还有部分国内学者认为，外出子女会减少对留守老人的供养意愿，此外，外出子女给予的经济支持可能不足以支付留守老人的日常

---

[1] Zhuo Amgela Yue, Zai Liang, "Migration and Well-being of the Elderly in Rural China", Paper Presented at Mini-conference of North America, Chinese Sociologises Assocíoation Philadelphia PA, Vol. 12, 2005.

[2] Kreager P., "Migration, Social Structure and old-age Support Networks: A Comparison of Three Indonesian Communities", *Ageing & Society*, Vol. 26, 2006, pp. 37-60.

[3] Wilensky. H. L., "Rich Democracies: Political Economy. Public Policy and Performance, University of California", Press, 2002.

[4] 卓瑛:《农村留守老人问题刍议》,《农业考古》2006年第6期。

[5] 李强:《中国外出农民工及其汇款之研究》,《社会学研究》2001年第4期。

[6] 钱巧霞、苏普玉:《中国农村老年人生活状况及其思考》,《中国农村卫生事业管理》2011年第2期。

生活支出。人口流动弱化了传统家庭之间的社会规范和代际关系；外出人口价值观的改变，削弱了传统的孝道观念，劳动力的流动减少了年轻一代支持他们父母的意愿和能力。调查发现，在农村留守老人中，全部子女都不赡养老人的比例占20%。① 有数据显示，2006年外出子女人均为留守老人提供的经济支持仅为408.3元，在获得子女经济支持的留守老人中，76%的老人全年获得的支持少于500.0元。另外，还有18%的留守老人没有获得外出子女的任何经济供养，② 子女的经济支持不足以维持家庭的基本支出，留守老人面临的经济压力大。还有学者研究发现，农村留守老人收到的来自外出子女的经济收入绝大部分都用于照料抚养留守孙辈，对自身生活水平的改善十分有限，而对其健康状况的影响自然也是微乎其微。③

研究结果表明，持农村劳动力外出务工对留守老人经济供养有积极作用的观点的学者较多。农村劳动力外出务工不仅为流入地提供了充足的劳动力资源，对其经济发展也做出了巨大贡献，而且能增加自身的经济收入，增强家庭的经济实力。但是仅仅从农民工汇款者的比例得出外出务工增强了对老年人的经济供养能力是不够充分的，关键要看汇款中用于老人自身养老的份额有多大，用于子女教育、生活等方面的费用又占多少。家庭经济能力的增强仅仅是提供经济供养的基础，并不意味着经济供养的增加。

三 生活照料与精神慰藉

日常生活照料是养老的重要内容之一，老年期的特征决定老人不仅需要相当的经济资源，而且更需要正式和非正式的日常生活照料支持。随着农村留守老人数量的增加，对日常生活照料的需求也越来越大。

---

① 杜鹏等：《流动人口外出对其家庭的影响》，《人口研究》2007年第1期。
② 陈清兵：《创新安徽农村留守老人的养老保障思路——基于土地流转的思考》，《安徽农业科学》2009年第17期。
③ 宋月萍：《精神赡养还是经济支持：外出务工子女养老行为对农村留守老人健康影响探析》，《人口与发展》2014年第4期。

国外研究认为，劳动力迁移尤其是女性的外出，一方面导致照料者减少，[①] 另一方面使女性留守老人的生活照料面临更多困难。[②] 在中国外出务工群体中，女性大约占到50%，农村留守老人的照料提供者日益减少。配偶、同住子女和当地子女是照料留守老人的主体，子女外出对老人的生活照料会产生很大的负面影响，导致潜在供养照料人数的减少和家庭养老质量的降低，并最终造成农村老人福利和健康状况的恶化，[③] 特别是患有大病的留守老人，面临缺人照料的现实。留守老人依靠夫妇彼此照顾对方的现象将会越来越多。[④⑤] 由于性别上的差异，有学者指出女性老年人残疾、丧偶和独居的可能性更大，生活照料方面存在更多的困难。[⑥]

中国60岁以上老年人口余寿中平均有1/4左右的时间处于肌体功能受损状态，需要不同程度的照料与护理；日常生活不能自理的老人比例从1994年的7.5%上升到2004年的8.9%，达1200万人，需要长期照料；农村老年人日常生活不能自理的占10.8%，比城市高3.9个百分点；其中女性为12.4%，比男性高6.4个百分点。[⑦] 靠自己和依赖配偶照料的约占1/3，[⑧] 中国家庭养老模式已经由重纵向血缘关

---

① Chang Tan Poo, "Implications of Changing Family Structures on Old-age Support in the ESCAP Re-gion", *Asia-Pacific Population Journal*, Vol. 7, No. 2, 1992, pp. 49-66.

② Toshiko Kaneda, "A Critical Window for Policy making on Population Aging in Developing Countries", 08.07.2007, http：//www.prb.org/Articles/2006/ A Critical Window for Policy making on Population Aging in Developing Countries. Aspx.

③ Hugo, G., "Effects of International Migration on the Family in Indonesia", *APN Workshop on Migration and the Family in a Globalizing World*, 2001.

④ Chen S., "Social Policy of the Economic State and Community Care in China Culture：Aging, Family, Urban Change, and the Socialist Welfare Pluralism", 1996.

⑤ Chen, X., Silverstein, M., "Intergenerational Social Support and the Psychological Well-being of Older Parents in China", *Research on Aging*, No. 22, 2000, pp. 43-66.

⑥ Kaneda, Toshiko, "A Critical Window for Policy Making on Population Aging in Developing Countries", *Population Reference Bureau*, 2006.

⑦ 杜鹏、武超：《中国老年人的生活自理能力状况与变化》，《人口研究》2006年第1期。

⑧ 卓瑛：《农村留守老人问题刍议》，《农业考古》2006年第6期。

系阶段，发展转变到了重横向姻缘关系的阶段，即由代际照料转向了自我照料。由于外出子女孝顺愿望实现的断裂，照料家中老人变得心有余而力不足；农村集体经济薄弱，为老服务意识淡薄；老人与子女联系不方便，社会福利与养老机制的不健全；农村基层组织缺位和乏力等因素，① 使得农村留守老人普遍没有得到较好的照料。所以，农村老年人照料问题，特别是留守老人的照料问题变得越来越突出。②③ 由于照料提供者的减少，农业劳动、家务劳动等负担的增加，加剧了健康和生活照料问题，社会照料网络如农村基层组织、农村社区、志愿者等为留守老人提供的照料体系还不完善，不能为留守老人提供充足的社会支持。同时老人还要承担照看孙辈的重任。目前，留守儿童数量达2290万人，其中有84.6%由老人照料。这一状况严重影响到留守老人生存状况和生活质量，特别是农村高龄、独居和残疾老人。事实上，留守老人正由过去的照料接受者向照料提供者转变。④

子女外出务工虽然提高了老人的生活质量和看病就医能力，但远远不能补偿对老人生活照料方面的不足。⑤⑥ 外出子女可能用经济上的支付来补偿他们照料上的缺位，但无人照料老人的局面仍未改变。邻居、亲朋在老年人照料中提供的帮助极为有限，由村委会、志愿人员和其他群体提供的社会服务比例极小。⑦ 目前农村社会保障体系很不完善，社会化照料服务机构发展落后。调查数据显示，在需要照料的各方面，留守老人从村集体和政府得到支持和帮助的比例为零，可以

---

① 胡强强：《城镇化过程中的农村"留守老人"照料》，《南京人口管理干部学院学报》2006年第2期。

② 姚远：《中国人口年龄结构变化及老年人问题研究》，中国人口出版社2007年版。

③ 朱尧耿：《关于流动人口的伦理思考》，《人口研究》2007年第3期。

④ 孙鹃娟：《劳动力迁移过程中的农村留守老人照料问题研究》，《人口学刊》2006年第4期。

⑤ 贺聪志、叶敬忠：《农村劳动力外出务工对留守老人生活照料的影响研究》，《农业经济问题》2010年第3期。

⑥ 申秋红、肖红波：《农村留守老人的社会支持研究》，《南方农业》2010年第2期。

⑦ 孙鹃娟：《劳动力迁移过程中的农村留守老人照料问题研究》，《人口学刊》2006年第4期。

看出村集体和政府目前在留守老人的照料方面的作用并没有发挥。① 在远距离代际照料困难的情况下,农村留守老人的自我照料因得不到外部支持而面临无人照料风险。

因此,农村留守老人照料问题已经成为当前亟待解决的严重问题。如何依据中国现实国情,结合农村社区、留守老人及其子女、邻里的实际,构建农村留守老人生活照料体系是当前面临的一个重大课题。

国外研究认为留守老人在精神健康方面不如非留守老人,但在身体健康方面,二者没有显著差异。② 由于性别的差异,女性留守老人对精神慰藉的需求更大,女性老人丧偶率高,独居、空巢率高,与男性相比,往往在社会、经济、健康状况方面处于不利地位。国外学者对 29 位有子女跨国外迁的印度农村老人的访谈发现,子女迁移会直接影响老人的心理状态。老人能从子女处获得雇工等方面的资金支持,可内心普遍存在孤独感和压抑感。③ 还有部分国外学者发现子女向城市的迁移对在家的老年父母在社会支持上的消极影响,已经被通信上的科技进步的出现和交通条件的改善削弱了;扩展家庭的关系,特别是成年子女和他们的父母,并没有因为地缘的分开而削弱;父母和子女间的情感关系和社会交换是可以通过电话和快速便捷的交通维持的。④ 这与国内的部分研究结果存在差异。

国内大部分研究认为,子女外出会减少对老年人的精神慰藉,使其孤独感、空虚感增加。家庭是为老年人提供精神慰藉的主要场所,而家庭成员,特别是子女则是提供精神慰藉的载体。农村劳动力外

---

① 贺聪志、叶敬忠:《农村劳动力外出务工对留守老人生活照料的影响研究》,《农业经济问题》2010 年第 3 期。

② Antman Francisca, "How Does Adult Child Migration Affect Elderly Parent Health? Evidence from Mexico", Working Paper, 2009.

③ Mitiades H. B., "The Social and Psychological Effect of an Adult Child's Emigration on Non-Immigrant Asian Indian Elderly Parents", *Journal of Cross-cultural Gerontology*, No. 17, 2002, pp. 33–55.

④ John Knodel, Chanpen Saengtion Chai "Rural Parents with Urban Children: Social and Economic Implications of Migration on the Rural Elderly in Thailand", 2005.

出，传统家庭结构和家庭功能受到破坏，老人与子女间时空距离增加，靠家庭和子女来提供精神慰藉的难度增大，从而使留守老人缺少亲情慰藉，孤独感增强。①② 外出务工的子女通常是年初而出，年终而归，有的甚至几年才回家一次，而他们与留守老人一年相聚的时间只有一个月左右。一家手机招工平台针对近万名基层打工者的调查中发现，21%的打工者半年和父母见一次面，36%的打工者一年才和父母见一次面，20%的打工者表示一年到头也很难见到父母。9%的农村留守老年人觉得空虚寂寞。③ 研究发现，农村留守老人躯体化、抑郁、焦虑和强迫症状均较严重，心理健康状况较差。④ 在城市中生活和工作的经历在不同程度上改变了子女们的生活方式和价值观，返回村庄之后，他们在观念、习惯及兴趣爱好方面与父母的差异有可能导致两代人沟通上的问题，产生代沟；缺少子女亲情的慰藉，老人孤独感强，特别是独居老人、空巢老人和二代户老人。

随着科技的发展，电话已经成为留守老人和外出子女沟通交流的主要工具，传统的联系方式如写信、拍电报、捎口信等已经被打电话取代。由于外出离家距离远、交通不便、交通费用昂贵等因素，导致外出务工子女回家探访的比例较少。电话中说话的主题仅围绕看管小孩、保重身体、注意安全、农业生产情况等内容，一般较少有直接的情感交流。⑤ 电话联系节约了代际沟通的成本，但电话联系的内容与频度仍然无法满足留守老人的情感需求。考虑到话费、时间等成本因素，大多数的电话交流仅仅局限于报平安或者商量大事，而缺乏深度的心理交流、情感宣泄，代际情感维系受到影响，这使得留守老人的

---

① 卓瑛：《农村留守老人问题刍议》，《农业考古》2006年第6期。

② 孙鹃娟：《劳动力迁移过程中的农村留守老人照料问题研究》，《人口学刊》2006年第4期。

③ 宋强玲：《城镇化视阈下广西壮族自治区农村留守老人养老问题及对策》，《中国老年学杂志》2015年第18期。

④ 庹安写：《贵州农村留守老人社会支持、应对方式与心理健康现状调查》，《中国老年学杂志》2016年第5期。

⑤ 蔡蒙：《劳务经济引致下的农村留守老人生存状态研究——基于四川省金堂县竹篙镇的实证分析》，《农村经济》2006年第4期。

孤独感与寂寞感增加,农村留守老人精神生活单调,孤独感强烈,处于"问题化"状态,呈现出明显亲疏的"差序格局"及"区隔化"[1]。满足父母的精神需求的核心是代际情感沟通,通常是通过回家探望或电话慰藉的方式完成,这些方式都需要耗费较多时间、金钱,在机会成本压力下,外出务工人员无暇顾及父母精神需求。[2] 农村留守老人的精神生活普遍处于"孤寂化"状态,甚至被一些学者称之为"静寞夕阳"[3]。同时,男女两性在情绪上存在先天差异,[4][5] 女性比男性有着更大的情感需求,子女外出后女性留守老人更多地体会到孤独的感受。精神慰藉是子女养老行为当中的重要组成部分,现实的农村养老往往存在重物质轻精神的倾向。[6] 一些留守老人为寻找新的精神寄托,开始沉溺于赌博,或频繁参加封建迷信活动,甚至走上邪教迷信的不归路。[7]

四 健康状况与医疗状况

由于在青壮年时期教育和劳动参与程度上的劣势,农村老年女性的经济福利状况比老年男性差,受此影响,她们的生活自理能力和健康自评均低于男性,比男性老年人更依赖家庭的支持。[8]

---

[1] 芳菲:《劳动力迁移过程中农村留守老人的精神慰藉问题探讨》,《农村经济》2009年第3期。

[2] 王雪峤:《农村留守老人情感与精神需求困境破解》,《人民论坛》2015年第20期。

[3] 叶敬忠、贺聪志:《静寞夕阳——中国农村留守老人》,社会科学文献出版社2008年版。

[4] 韦艳等:《社会支持对农村老年女性孤独感的影响研究》,《人口学刊》2010年第4期。

[5] 宋月萍:《精神赡养还是经济支持:外出务工子女养老行为对农村留守老人健康影响探析》,《人口与发展》2014年第4期。

[6] 芳菲:《劳动力迁移过程中农村留守老人的精神慰藉问题探讨》,《农村经济》2009年第3期。

[7] 王雪峤:《农村留守老人情感与精神需求困境破解》,《人民论坛》2015年第20期。

[8] Rudkin L., "Gender Differences in Economic Well-being among the Elderly of Java", *Demography*, Vol. 30, No. 2, 1993, pp. 209-226.

随着年龄的增长，老年人的健康状况会逐步衰弱，因此，客观上农村留守老人的身体健康水平也较农村其他年龄层群体偏低。同时受农村社会经济环境、城乡医疗条件的差异以及留守形成因素的影响，我国农村留守老人的健康水平普遍不高，各类疾病患病率较高。相比城市老年人，农村留守老人由于生活负担过重，生活质量较差，健康状况更令人担忧。[①] 除了年龄等自身因素外，老年人健康还主要取决于两个重要的外部因素：一是老年人能够享受的经济供养条件；二是老年人能够获得的生活照料的数量和质量。农村家庭劳动力的转移，一方面可以给家庭创造更多的经济收益；另一方面会直接减少子女对老年人的生活照料，增加老年人的生活负担。这两者之间的权衡，效益和危害孰大孰小直接影响老年人的健康状况。有学者研究发现，农村劳动力转移对于农村家庭留守老人健康存在显著的促进作用，即农村劳动力转移对农村留守老人健康的正面影响大于负面影响，留守老人在身体状况的自评中，较差的占35.8%，非常差的占6.9%，合计占到了42.7%。[②] 有研究表明，子女外出务工后，留守老人劳动负担较重，许多留守老人患有各种慢性疾病，健康状况堪忧。[③] 留守老人两周患病和半年内患慢性病的风险要高于非留守老人，尤其需要关注的是由于子女外出务工而形成的空巢和空巢隔代老人，在性别差异上，女性留守老人两周患病及慢性病患病的风险较高。[④] 这主要是因为受地域及性别双重劣势叠加的影响，大部分农村老年女性经济地位不高，长期在家庭中承担照顾提供者的角色，忽视了自身健康状况。劳动力外流对子女性别分工的影响给留守老人的健康福利可能会带来不利的后果，老年女性在家庭中仍处于弱势地位，承担了大部分的家

[①] 于素芬：《安徽省无为县于棚村留守老人调查报告》，硕士学位论文，安徽大学，2012年。

[②] 卓瑛：《农村留守老人问题刍议》，《农业考古》2006年第6期。

[③] 唐莹等：《西部民族地区留守老年人健康状况与卫生服务利用》，《中国全科医学》2009年第7期。

[④] 罗敏等：《农村留守老人健康状况的影响因素研究》，《四川大学学报》（医学版）2011年第3期。

第二章 研究综述

务劳动,在经济上更依赖他人,不仅生理健康水平更差,而且更需要情感慰藉。子女外出打工对于她们的负面影响超过男性老年人。①

由于子女的外出,留守老人承担了大部分的农业生产和家务劳动,有些还要担负照顾孙子女的日常生活、辅助教育等重任,繁重的劳动使得留守老人的压力较大,健康状况令人担忧。

医疗保障、经济供养和精神慰藉是养老的三大内容。随着老年人增龄,机体免疫能力和适应能力下降,慢性病患病率高,医疗需求和医疗费用高于其他年龄群体。

农村留守老人医疗状况有所改善,但是仍存在较大问题。子女外出务工有助于改善老人医疗资源的获得,使有慢性病的老人得到医治。② 外出打工不仅间接促进了留守老人的健康,还直接改善了他们的医疗状况:首先,外出打工促进了打工者卫生习惯的改变和保健知识的提高,进而潜移默化地影响了村里的留守老人;其次,村民外出打工改善了留守老人的医疗状况。③ 留守老人的医疗卫生条件得到一定改善,但水平较低。医疗费用方面的支出已经成为许多留守老人面临的沉重负担,农村医疗保障水平远远不能满足老人们的需求。

虽然子女外出有助于改善老年人的医疗状况,但留守老人的医疗卫生条件仍处于较低水平,农村留守老人医疗资源和照料资源的获得不尽如人意,健康状况不乐观。④⑤ 此外,留守老人不仅需要完善的医疗资源,在生病时更需要有人贴身照料。52%的农村留守老年

---

① 左冬梅、李树茁:《基于社会性别的劳动力迁移与农村留守老人的生活福利——基于劳动力流入地和流出地的调查》,《公共管理学报》2011年第2期。

② Zuniga H. E., Hernandez F. D., "Importancia de los Hijos en la Vejez y Cambios en el Comportamiento Reproductivo", Estudios Demograficosy Urbanos, 1994.

③ 郇建立:《村民外出打工对留守家人的影响——一份来自鲁西南H村的田野报告》,《青年研究》2007年第6期。

④ 孙鹃娟:《劳动力迁移过程中的农村留守老人照料问题研究》,《人口学刊》2006年第4期。

⑤ 蔡蒙:《劳务经济引致下的农村留守老人生存状态研究——基于四川省金堂县竹篙镇的实证分析》,《农村经济》2006年第4期。

人生病无人照顾,他们的照料主要靠自己及其配偶,留守老年人年老体衰,抵抗能力差,如果突然患病,很有可能会延误了抢救时机。[1][2] 外出务工子女提供的经济支持并没有显著改善农村留守老人的健康状况。[3]

子女外出对家庭经济能力有改善作用,为留守老人支付医疗费用提供了可能,有助于留守老人健康状况的改善。但仅仅依靠经济状况的改善是不能解决留守老人健康问题的,农村留守老人不仅需要经济支持,更需要的是生病时的生活照料。

五 农业生产和家务劳动

农村子女外出务工最直接的后果是减少了家庭的劳动力数量,家庭原有的大部分或全部农业生产、家务、照管孩子等劳动转移给留守老人,留守老人农业生产负担和家务劳动负担加重。

与发达国家情况不同,中国农村 60 岁以上仍处在正式劳动力队伍的老年人较多,几乎所有 50—60 岁和 2/3 以上的 60—70 岁的老年人仍然在从事生产劳动,中国农村根本没有退休制度。[4] 留守老人的农业生产和家务劳动较繁重。

目前仍然超过 95.6% 的"留守老人"还继续承担农业生产以补贴家用及生活。[5] 子女外出务工后,家庭劳动力数量的减少,使留守老人的劳动参与率上升,劳动量增加。国内研究发现,与非留守老人相比,留守老人的家务负担和农业劳动负担都有所加重,分别增加了

---

[1] 贺聪志、叶敬忠:《农村劳动力外出务工对留守老人生活照料的影响研究》,《农业经济问题》2010 年第 3 期。

[2] 宋强玲:《城镇化视阈下广西壮族自治区农村留守老人养老问题及对策》,《中国老年学杂志》2015 年第 18 期。

[3] 宋月萍:《精神赡养还是经济支持:外出务工子女养老行为对农村留守老人健康影响探析》,《人口与发展》2014 年第 4 期。

[4] Pang L, Brauw A, Rozellle S, "Working Until Dropping: Employment Behavior of the Elderly in Rural China", Department of Agricultural and Resource Economics, 2004.

[5] 王俊文:《基于土地征收视域下的农村"留守老人"问题研究——以江西赣南 A 镇为例》,《湖南社会科学》2012 年第 5 期。

46.2%和41.5%，而且抚育孙子女的负担明显加重。①② 申秋红等人通过调查发现，有65%的留守老人依然在干农活，50%的留守老人表示，与子女外出务工前相比，劳动负担加重了。③ 留守老人不仅要照料孙子女的日常生活，还要承担教育责任，6%的农村留守老人觉得照顾小孩太辛苦。④

子女外出务工后，很多家庭原有的责任和劳动转移到留守老人肩上，代子女耕种土地、监管子女、料理家务等，无疑对他们的身心状况提出了更大的挑战。

第二节 农村留守老人关爱服务体系研究

学界对农村留守老人关爱服务体系问题的研究很少，起步较晚。以"留守老人"为篇名在中国知网数据库（CNKI）进行文献检索，共检索到文献1009篇，2010年以来的文献共842篇。在842篇文献中，摘要包含"关爱服务"的文献仅有34篇，仅占4.0%。在有关留守老人关爱服务研究的34篇文献中，从文献类型看，期刊类学术论文18篇，硕士学位论文13篇；从文献发表时间看，关于留守老人的研究文献从1996年开始出现，而留守老人关爱服务的文献2015年才开始出现，其中2015年3篇，2016年3篇，2017年4篇，2018年9篇，2019年9篇，2020年5篇。可见，对于留守老人关爱服务领域的研究不仅数量较少，而且研究时间也较晚。

近年来，学者对农村留守老人关爱服务体系的研究主要集中于关爱服务体系的服务内容、责任主体、理论基础、服务体系以及关爱服务活动等方面，对农村留守老人关爱服务体系的研究才刚刚起步。

---

① 周福林：《我国留守家庭研究》，中国农业大学出版社2006年版。
② 卓瑛：《农村留守老人问题刍议》，《农业考古》2006年第6期。
③ 申秋红、肖红波：《农村留守老人的社会支持研究》，《南方农业》2010年第2期。
④ 宋强玲：《城镇化视阈下广西壮族自治区农村留守老人养老问题及对策》，《中国老年学杂志》2015年第18期。

一 农村留守老人关爱服务体系的理论基础与服务内容

既有研究认为,应以马克思主义人本思想作为支撑和指导关爱服务体系构建的理论基础,应以建立和完善社会保障体系与社会养老服务体系作为农村留守老年人关爱服务体系构建的制度基础。有学者认为,健全农村留守老人关爱服务体系应以马克思以人为本的理论基础为出发点,以马克思主义人本思想为指导,并辅以中国传统孝文化。① 同时,有学者指出统筹城乡社会保障体系,特别是城乡养老保障和医疗保障,建立覆盖城乡的社会化养老体系,② 是农村留守老人关爱服务的制度基础。可见,学者认为农村留守老人关爱服务体系建设需要马克思主义思想的指导,同时,要重视中国传统文化价值和作用,而且,农村留守老人关爱服务体系构建是社会保障体系和社会养老服务体系建设达到一定水平后的体现,或者说,完善的社会保障体系和社会养老服务体系是农村留守老人关爱服务体系构建的制度保障。

学者对农村留守老人关爱服务体系及服务体系的内容提出了初步构想。许毅认为农村留守老人关爱服务体系的构建应从建立生活保障网、打造关爱服务平台、关注社会力量、营造尊老爱老的社会氛围四个方面入手。③ 通过加快农村幸福院、老年餐桌、日间照料中心、关爱服务中心等农村养老机构的建设,夯实关爱服务体系的载体,从而定期为留守老人开展生活照料、健康保健、亲情陪伴等敬老服务活动。④⑤ 可见,学者对于农村留守老人关爱服务体系构建已经做了初步

---

① 赵排风:《健全农村留守老人关爱服务体系的思想渊源和理论基础》,《经济研究导刊》2015 年第 3 期。

② 赵排风:《健全农村留守老人关爱服务体系问题研究》,《社会研究》2015 年第 4 期。

③ 许毅:《健全农村留守老人关爱服务体系》,《中国老年报》2015 年 3 月 17 日第 1 版。

④ 李乐:《健全农村"三留守"人员关爱服务体系的建议》,《新西部》2014 年第 14 期。

⑤ 苏道义:《加强服务保障 完善关爱体系》,《社会福利》2014 年第 12 期。

思考，从物质保险网络、关爱服务提供平台、关爱服务提供主体、关爱服务人文社会环境等方面去思考关爱服务体系建设问题，而且在生活照料、健康保健、精神慰藉是关爱服务主要内容的认识上取得了初步共识。

二 农村留守老人关爱服务对象需求与责任主体

农村留守老人关爱服务体系主要是通过满足留守老人的需求来解决他们存在的问题，因此，既有研究认为构建农村留守老人关爱服务体系需要高度关注服务对象的主体需求。农村留守老人的需求呈现出多样化和多元化趋势，要满足农村留守老人的日常生活照料需求、医护保健需求、心理健康需求以及精神需求。[①] 从自理程度来看，自理、半自理和完全自理的农村留守老人对经济供养、生活照料、精神慰藉、生产劳动和医疗保障等方面的关爱服务需求是完全不同的，针对差异化、多元化需求需要制定不同的服务策略。因此，农村留守老人关爱服务体系构建需要以农村留守老人的主体需求为出发点，充分考虑农村留守老人的主体需求。

近年来关于农村留守老人关爱服务体系研究，首先从关爱服务内容开始，逐渐转向关爱服务体系的责任主体、理论基础、建设标准以及主体需求，这些研究取得了初步成果，有利于为构建农村留守老人关爱服务体系提供借鉴与参考。

但是，学界关于农村留守老人关爱服务体系研究还有一些问题没有回答，没有形成一致的研究观点，有待深入研究，主要表现在五个方面：第一，农村留守老人关爱服务体系的概念及内涵；第二，农村留守老人关爱服务体系建设的理论基础及建设原则；第三，农村留守老人关爱服务体系建设内容与建设标准；第四，农村留守老人关爱服务体系的服务机制；第五，农村留守老人关爱服务体系的服务队伍和服务机构。只有把这些问题研究清楚并形成统一认识，才有利于农村

[①] 叶欣：《关爱农村留守老人 共建有效服务体系》，《中国社会报》2018年4月23日第2版。

留守老人关爱服务体系的构建。

明确责任主体是构建关爱服务体系的基本任务,既有研究认为,政府、社会、社区、家庭、机构是农村留守老人关爱服务体系的责任主体。有的学者认为应当建立党委领导、政府负责、部门协作、社会参与、法制保障的农村留守老人关爱服务体系;[①] 有的学者又认为应建立政府关爱、社会关心、村组帮扶、子女尽孝的农村留守老人关爱服务体系,[②] 家庭、政府和社会组织应相互参与和配合,[③] 动员和协调政府、企业、社会组织、社区组织、社会工作者、公众等多方主体和资源为农村留守老人提供更多的社会关爱服务。[④] 无论是哪一种观点,都认为农村留守老人关爱服务体系建设需要责任主体多元化,政府、社会组织、村组、社区、公众以及子女都应当为关爱服务体系建设贡献力量。

三 构建农村留守老人关爱服务体系建议

既有研究认为,农村留守老人关爱服务体系建设需要与留守儿童关爱服务体系建设统筹推进。融合资源,统筹推进农村留守老人与留守儿童关爱服务体系建设,可以节约成本,将留守老人和留守儿童问题一并考虑,统筹解决。学者认为,应当整合村级闲置国有资产,统筹打造融合老年协会和留守儿童之家功能的共同阵地,形成一套系统完备、操作性强、行之有效的关爱服务体系标准,[⑤] 以解决留守老人与留守儿童面临的现实问题。很遗憾的是,农村留守老人关爱服务体

---

① 李乐:《健全农村"三留守"人员关爱服务体系的建议》,《新西部》2014年第14期。

② 许毅:《健全农村留守老人关爱服务体系》,《中国老年报》2015年3月17日第1版。

③ 叶欣:《关爱农村留守老人 共建有效服务体系》,《中国社会报》2018年4月23日第2版。

④ 李云新、刘然:《农村留守老年人关爱服务体系建设研究》,《安徽行政学院学报》2017年第5期。

⑤ 郭红梅:《统筹推进农村留守儿童老人关爱服务体系建设》,《代表建言》2017年第1期。

系建设标准是什么和如何制定的问题却没有回答。

既有研究认为，要建立多维度、层次化的农村留守老人关爱服务体系。学者从农村留守老人关爱服务体系建设实践所面临的问题和困境出发，提出从多维度构建农村留守老人关爱服务体系，针对不同种类、不同年龄的农村留守老人建立多层次的养老、医疗、救助政策体系，依托"互联网+"等技术平台对老年人互帮互助情况、资金情况等运作情况准确把握，构建居家养老服务新样态。[1] 农村留守老人面临的问题具有多样性、异质化、层次性等特点，因此，农村留守老人关爱服务体系作为解决留守老人困境的办法，在建设时需要具备多维度和多层次的视角，针对不同特征的留守老人、不同问题的留守老人发挥应有的作用和功能。

第三节　农村留守老人研究评述

综合国内外关于农村留守老人的研究，既有研究主要从留守老人的特征和分布，劳动力外出对留守老人的经济供养、生活照料、精神慰藉、健康状况、医疗条件、居住方式、生产劳动和家务劳动等方面开展的。大部分研究将留守老人问题放入留守家庭中来论述，而将留守老人单独列出作为研究对象的还很少。这些研究形成了一个比较统一的看法，即认为：农村留守老人问题是多种因素相互作用的结果，子女外出务工，增强了留守老人的经济能力，减少了日常生活照料资源，缺乏精神慰藉，医疗条件有所改善，居住方式趋向空巢化和隔代化，生产劳动和家务劳动负担大幅度增加。对于如何解决留守老人面临的各项问题，建立可持续的关爱服务体系没有系统的阐释。

农村留守老人问题有一定的特殊性和复杂性，归根结底要解决一个问题：如何建立一个完善的留守老人关爱服务体系，为留守老人提

---

[1] 李云新、刘然：《农村留守老年人关爱服务体系建设研究》，《安徽行政学院学报》2017年第5期。

供生活所需的关爱服务。关爱农村留守老人，解决他们在日常生活、精神状况、健康状况、居住方式和居住条件等留守老人养老所面临的各方面的问题，不仅是老人安度晚年的重要保障，而且是乡村振兴的重要内容。

然而，国内这些研究在取得很大进展和成果的同时，也存在着一些不足和缺憾，主要表现在以下几个方面：

第一，对留守老人缺乏全国性的调查研究，这不利于全面认识和解决留守老人问题，得出的研究结论可能具有片面性。

第二，描述性研究较多，许多问题还处在理论探索阶段，深入研究不够，如生活照料问题。

第三，理论探讨较多，实践操作较少。在解决留守老人问题的对策探讨上，缺乏具体的、有效的、可操作性强的措施。

第四，对留守老人关爱服务体系的研究较少，研究缺乏系统性和理论性。关爱服务体系概念界定不明确，理论研究成果较薄弱，理论水平有待提高。

第五，实地调查不深入。许多研究大多采用大规模的问卷调查来收集资料，而很少采用一些定性的方法，如访谈法和观察法。因此，收集到的是一些反映表象的数据和信息，很难反映出潜藏在问题背后的深层次原因。

西部地区农村留守老人关爱服务体系研究基于全国性面上数据，辅之以贵州、云南、四川调查数据，针对既有研究尚未回答的问题，本书试图予以回答。

第三章

西部地区农村留守老人现状与特征

第一节　西部地区农村留守老人基本状况与特征

一　人口特征

在西部地区农村留守老人中,男性比女性多,男性占比52.5%,女性占比47.5%(见表3-1)。女性可以承担更多的家务劳动、照顾孙辈等,随着子女的外迁,有部分女性老人随子女出去,照顾子女的生活,承担子女的家庭劳动以及看管孩子。因而,西部地区的农村留守老人中,女性的比例要比男性低。

表3-1　　　　　西部地区农村留守老人的性别结构　　　　单位:%

性别结构	比例
男	52.5
女	47.5
合计	100.0

资料来源:2018年中国老年社会追踪调查,N=1557。

西部地区农村留守老人以低龄老人为主,60—64岁的西部地区农村留守老人占留守老人总体的30.1%,65—69岁的占比21.4%,70—74岁的占比18.7%,75—79岁的占比15.7%,80—84岁的占比9.1%,85—89岁的占比3.5%,90岁及以上的占比1.5%(见表3-2)。可见,年龄越大留守老人所占的比重越小。随着年龄的增加,老年人面临的老人风险不断增加,失能的可能性不断增长,独自留守的可能性更低。

表 3-2　　　　　西部地区农村留守老人的年龄结构　　　　　单位:%

年龄结构	比例
60—64 岁	30.1
65—69 岁	21.4
70—74 岁	18.7
75—79 岁	15.7
80—84 岁	9.1
85—89 岁	3.5
90 岁及以上	1.5
合计	100.0

资料来源:2018 年中国老年社会追踪调查,N=1557。

在西部地区农村留守老人中,无配偶的留守老人比重较高。调查结果显示:有 66.3% 的留守老人已婚且有配偶,31.2% 的留守老人已经丧偶,1.0% 的留守老人离婚无配偶,还有 1.5% 的留守老人一直未婚(见表 3-3)。可见,西部地区农村留守老人中没有配偶,独自留守的失能老人占比 33.7%,比重较高。

表 3-3　　　　　西部地区农村留守老人的婚姻状况　　　　　单位:%

婚姻状况	比例
已婚且有配偶	66.3
丧偶	31.2
离婚无配偶	1.0
未婚	1.5
合计	100.0

资料来源:2018 年中国老年社会追踪调查,N=1557。

在西部地区农村留守老人中,汉族老年人的比重为 85.0%,少数民族的比重为 15.0%(见表 3-4)。我国汉族人口众多,少数民族人口相对较少,因而在西部地区农村留守老人中汉族的比例也较多。

表 3-4　　　　西部地区农村留守老人的民族结构　　　　单位：%

民族结构	比例
汉族	85.0
少数民族	15.0
合计	100.0

资料来源：2018年中国老年社会追踪调查，N=1557。

西部地区农村留守老人的文化程度差异较大。小学及以下文化程度的占比76.9%，初中文化程度的占比14.2%，高中/中专文化程度的占比6.3%，大专及以上文化程度的占比2.6%（见表3-5）。可见，在西部地区农村留守老人中小学及以下文化程度的留守老人比重最高，文化程度较低，但还有一小部分农村留守老人文化程度较高，留守老人的文化程度差异较大。

表 3-5　　　　西部地区农村留守老人的文化程度　　　　单位：%

文化程度	比例
小学及以下	76.9
初中	14.2
高中/中专	6.3
大专及以上	2.6
合计	100.0

资料来源：2018年中国老年社会追踪调查，N=1557。

二　经济状况

西部地区农村留守老人经济状况较差，贫富差距严重。调查结果显示：在西部地区农村留守老人中有32.3%的留守老人过去12个月个人总收入低于2300元；27.8%的留守老人过去12个月个人总收入在2301—10000元；37.4%的留守老人过去12个月个人总收入在10001—50000元；仅2.5%的留守老人过去12个月个人总收入在50001元以上（见表3-6）。有32.3%的留守老人个人总收入处在我国现行的贫困线标准以下，经济状况十分困难，也有一小部分的留守老人经济状况相对较好，收入较高。总体而言，西部地区农村留守老人的经济状况较差，生活条件困难。

表 3-6　　　　　西部地区农村留守老人的经济状况　　　　单位:%

过去 12 个月个人总收入	比例
2300 元及以下	32.3
2301—10000 元	27.8
10001—50000 元	37.4
50001 元及以上	2.5
合计	100.0

资料来源:2018 年中国老年社会追踪调查,N=1441。

西部地区农村留守老人的主要经济来源多样，但主要来源于自己的离/退休金/养老金、子女的资助以及自己的劳动所得。调查结果显示:有41.5%的留守老人主要生活来源于自己的离/退休金/养老金；25.1%的留守老人主要生活来源于子女的资助；18.8%的留守老人主要经济来源于自己的劳动或工作所得；7.5%的留守老人主要生活来源于政府/社团的补贴/资助（见表3-7），还有部分留守老人主要经济收入来源于配偶的收入、其他亲属的资助、租赁收入、以前的积蓄等。可见，在经济来源上西部地区农村留守老人还是主要依赖自己的离/退休金/养老金以及子女的资助，对家庭成员的依赖较大，来自社会其他方面的支持较少。

表 3-7　　　　　西部地区农村留守老人主要生活来源　　　　单位:%

主要生活来源	比例
自己的离/退休金/养老金	41.5
自己的劳动或工作所得	18.8
配偶的收入	3.7
子女的资助	25.1
其他亲属的资助	0.5
政府/社团的补贴/资助	7.5

续表

主要生活来源	比例
以前的积蓄	1.2
房屋、土地等租赁收入	0.6
其他	1.1
合计	100.0

资料来源：2018年中国老年社会追踪调查，N=1555。

三 健康状况

从西部地区农村留守老人的健康自评状况来看，留守老人健康状况一般。调查结果显示：认为自己很健康的留守老人占比9.0%；认为自己比较健康的留守老人占比29.4%；认为自己健康状况一般的留守老人占比25.6%；认为自己比较不健康的留守老人占比25.1%；认为自己很不健康的留守老人占比10.9%（见表3-8）。可见，38.4%的留守老人认为自己健康状况良好，有36.0%的留守老人认为自己的健康状况较差，留守老人的健康状况一般。

表3-8　　　　西部地区农村留守老人的健康状况　　　　单位：%

健康状况	比例
很健康	9.0
比较健康	29.4
健康状况一般	25.6
比较不健康	25.1
很不健康	10.9
合计	100.0

资料来源：2018年中国老年社会追踪调查，N=1533。

在西部地区多的留守老人中患有慢性疾病的比重较高。调查结果显示：在西部地区农村留守老人中患有慢性疾病的占比81.7%，仅18.3%的留守老人未患慢性疾病（见表3-9），留守老人的健康状况较差。

表 3-9　　　　西部地区农村留守老人患有慢性疾病的状况　　　　单位：%

慢性疾病	比例
患有	81.7
没有	18.3
合计	100.0

资料来源：2018 年中国老年社会追踪调查，N=1538。

四　社会保障状况

西部地区农村留守老人能社会保障状况较差，社会保障覆盖率较低。调查结果显示：享受城镇职工基本养老金的留守老人占比 14.3%；享受机关事业单位离退休金的留守老人占比 12.1%；享受城镇居民社会养老保险金的留守老人占比 8.0%；享受农村社会养老保险的留守老人占比 49.3%；享受最低生活保障金或贫困救助金的留守老人占比 10.0%；享受高龄津贴的留守老人占比 8.5%（见表 3-10）。可见，社会保障在西部农村贫困地区覆盖面较低，享受农村社会保险金的留守老人比重不超过一半，覆盖率较低，社会保障力度有限。

表 3-10　　　　西部地区农村留守老人的社会保障状况　　　　单位：%

社会保障	比例
城镇职工基本养老金	14.3
机关事业单位离退休金	12.1
城镇居民社会养老保险金	8.0
农村社会养老保险金	49.3
最低生活保障金或贫困救助金	10.0
高龄津贴	8.5

资料来源：2018 年中国老年社会追踪调查，N=1547。

第二节　西部地区农村留守老人生活现状

随着我国经济社会的快速稳定发展，农业和农村经济发展取得巨大成就，农村居民生活水平有了质的提升。对农村留守老人生活现状进行深入了解和分析有利于更加全面地掌握农村留守老人的基本情况，提升农村留守老人的生活质量，建立和完善农村留守老人关爱服务体系。

一 社区生活环境

从生活用水来源来看，农村留守老人的生活用水主要来源于自来水（80.7%），19.3%的农村留守老人仍在使用井水（见表3-11）。近两成的农村留守老人还在饮用井水。

表3-11　　　　　农村留守老人生活用水来源情况　　　单位：人,%

	井水	自来水
人数	39	162
比例	19.3	80.7

资料来源：根据在贵州省、四川省、云南省调查数据计算而得，N=201。

农村留守老人生活所在社区垃圾定期清理。从垃圾处理情况来看，农村社区内设垃圾站并定期清理垃圾的占多数（86.1%），12.9%的社区拥有固定垃圾站但清理周期长，1.0%的社区无垃圾处理点（见表3-12）。

表3-12　　　　　农村留守老人社区垃圾处理情况　　　单位：人,%

	社区内分布多个垃圾箱，定期清理	固定垃圾站垃圾堆，清理周期较长	无固定处理点
人数	173	26	2
比例	86.1	12.9	1.0

资料来源：根据在贵州省、四川省、云南省调查数据计算而得，N=201。

农村留守老人生活社区基本生活设施比较齐全，但有18.5%的留守老人生活社区无任何设施。从社区提供的活动场所或者设施来看，农村社区活动场所/设施主要以图书馆（63.6%）、室外活动场地（53.3%）和老年活动室（47.7%）为主，社区配有棋牌（麻将）室的相对较少（18.5%），配有健身房的社区最少（14.4%）（见表3-

13)。

表 3-13　　　　　农村留守老人社区活动场所/设施情况　　　　　单位:%

	老年活动室	健身房	棋牌（麻将）室	图书馆	室外活动场地	以上都没有
有	47.7	14.4	18.5	63.6	53.3	18.5
没有	52.3	85.6	81.5	36.4	46.7	81.5

资料来源：根据在贵州省、四川省、云南省调查数据计算而得，N=201。

从社区医疗服务来看，社区的便民诊所和卫生室是农村留守老人能够接受便利医疗服务的关键。然而，95.5%的社区医护人员配备仅为1—2人，且七成的社区便民诊所（社区卫生院）提供的服务只能看简单的疾病（72.8%）。而农村留守老人的健康状况较差，社区目前的医疗服务较难满足老年人的需求，仅0.5%的留守老人认为目前的医疗服务能完全满足自身医疗需求，有30.8%的农村留守老人认为基本满足；有45.3%的留守老人认为难以满足医疗需求，其中无法满足的比例达到19.9%。因此，九成的农村留守老人出现急重症疾病情况时，会选择到近距离的县医院就医，仅有1.0%和8.5%的农村留守老人会选择在就近的私人诊所或社区卫生院就医。

二　居住环境

超过一半的农村留守老人居住在砖瓦结构的平房。从住房类型来看，农村留守老人住房主要是土砖房、砖瓦平房和楼房三种类型，其中，以住砖瓦平房为主（52.5%），住楼房的比例为33.2%，住能遮蔽风雨的土砖房的比例为11.4%（见表3-14）。

表 3-14　　　　　　　农村社区居住房子类型　　　　　　　单位：人,%

类别	土砖房漏风漏雨	土砖房能遮蔽风雨	砖瓦平房	楼房	其他
人数	1	23	106	67	5
比例	0.5	11.4	52.5	33.2	2.4

资料来源：根据在贵州省、四川省、云南省调查数据计算而得，N=201。

近一半的农村留守老人居住房间无浴室和厕所。从住房是否配有浴室和厕所基础配备来看,农村留守老人住房里有浴室和没有浴室的所占比例分别为50.5%和49.5%,家里有厕所的留守老人所占比例为50.5%,无厕所的比例为49.5%。

超过1/5的农村留守老人所住社区交通出行不便。从社区出行情况和居住环境安全情况来看,随着农村社区的发展和完善,社区出行便利程度逐渐提升,34.0%的农村留守老人认为社区的出行是较便利的,仍有两成多的农村留守老人认为目前的出行情况不太方便(23.0%)。从社区居住环境安全情况来看,多数农村留守老人认为自己的居住环境是安全的(59.0%),此外约3.0%的农村留守老人认为目前的居住环境是不太安全的。

三 经济收入

农村留守老人的主要经济收入来源为子女资助、自己劳动/工作所得和农村养老金。从主要经济收入来源来看,由于农村留守老人停止从事生产活动之前主要依靠农业、畜牧业、渔业等,从事这些生产活动的收入较低,因此农村留守老人最主要的三项经济来源为子女资助(39.9%)、自己劳动或工作所得(28.8%)和自己的养老金(17.7%)。从性别来看,女性依靠配偶收入和子女资助的比例为52.5%,高于男性18.9%,而男性依靠自己劳动所得、自己离/退休金/养老金、政府/社团的补贴/资助的比例分别为32.8%、19.8%、6.9%,分别比女性高9.6%、5.2%、2.0%。从年龄组来看,随着年龄增加,农村留守老人接受子女资助以及政府/社团的补贴/资助的比例也逐渐升高,而依靠自己的离/退休金/养老金、自己劳动所得、配偶收入以及房屋、土地的租赁收入的人群比例则逐渐降低。

农村留守老人月支出主要用于日常饮食消费和医疗费用。从支出结构来看,农村留守老人月支出居第一位的是日常饮食消费,占比为43.4%;第二位是医疗费用,占比为25.8%;第三位是水电气、交通和通信费用占比为17.8%,文娱消费仅占2.4%。总体而言,农村留守老人的收入能够基本支付现有的支出,37.0%的农村留守老人认为目前的生活费勉强够用。然而，随着年龄的增长，越来越多的农村留守老人认为目前的生活费是不够用的，尤其是80—84岁年龄段，42.9%的农村留守老人认为生活费不够用，85—89岁年龄段中有20.0%的农村留守老人认为目前的生活费很缺乏。

四 健康状况

从身体健康来看，大部分农村留守老人自评自己身体健康状况一般（32.0%），35.5%的农村留守老人自评自己身体状况不健康，其中很不健康的占比为10.5%。从性别来看，自评比较健康的女性（26.5%）多于男性（23.1%）。然而随着年龄的增长，农村留守老人自评身体健康状况逐渐下降，75—79岁年龄组的农村留守老人有41.7%自评身体比较不健康（见表3-15）。

表3-15　　　　　农村留守老人身体健康状况自评　　　　单位：%

	合计	男	女	60—64岁	65—69岁	70—74岁	75—79岁	80岁及以上
很健康	8.0	9.4	6.0	18.5	10.5	2.2	8.3	0.0
比较健康	24.5	23.1	26.5	51.9	24.6	19.6	22.2	11.1
一般	32.0	32.5	32.5	22.2	42.1	34.8	19.4	33.3
比较不健康	25.0	24.8	24.1	7.4	21.1	23.9	41.7	29.6
很不健康	10.5	10.2	10.9	0.0	1.7	19.5	8.4	30.0

资料来源：根据在贵州省、四川省、云南省调查数据计算而得，N=201。

农村留守老人患慢性病的比例较高。农村留守老人患慢性病的比例为65.7%，且随着年龄的增长，患慢性疾病的比例逐渐增加，至80岁及以上年龄组，患慢性病比例达到85.7%（见表3-16）。

表3-16　　　　　农村留守老人患慢性病的情况　　　　单位：%

	合计	60—64岁	65—69岁	70—74岁	75—79岁	80岁及以上
是	65.7	37.0	61.4	76.1	66.7	85.7
否	34.3	63.0	38.6	23.9	33.3	14.3

资料来源：根据在贵州省、四川省、云南省调查数据计算而得，N=201。

农村留守老人孤独感比较强。从孤独感来看，总体而言，仅有10.7%的农村留守老人日常生活中从不会感到孤独；分性别来看，女性比男性更容易感受到孤独，从不会感到孤独的男性（13.9%）多于女性（6.1%）。随着年龄的增长，经常感到孤独的比例逐渐上升，至70—74岁年龄组偶尔感到孤独的占比达到71.1%，80岁及以上年龄组经常感到孤独和总是感到孤独的比例分别达到34.6%和11.6%（见表3-17）。

表3-17　　　　　　　农村留守老人孤独感自评　　　　　　单位：%

	合计	男	女	60—64岁	65—69岁	70—74岁	75—79岁	80岁及以上
从不会感到	10.7	13.9	6.1	18.5	15.8	6.7	8.6	0.0
偶尔感到	65.5	61.7	70.7	63.0	66.7	71.1	62.9	53.8
经常感到	19.8	20.9	18.3	18.5	14.0	17.8	25.7	34.6
总是感到	4.0	3.5	4.9	0.0	3.5	4.4	2.8	11.6

资料来源：根据在贵州省、四川省、云南省调查数据计算而得，N=201。

21.3%的留守老人认为子女对自己的关爱程度一般，8.6%的农村留守老人认为子女对自己的关爱程度还不够（见表3-18）。

表3-18　　　　　农村子女对留守老人的关爱程度　　　　　单位：人，%

	很充足	还可以	一般	不够	非常缺乏
人数	34	105	43	17	2
比例	16.8	52.3	21.3	8.6	1.0

资料来源：根据在贵州省、四川省、云南省调查数据计算而得，N=201。

五　居住方式

超过1/5的农村留守老人独居，接近一半的农村留守老人仅有2人居住。从共同居住人员来看，农村留守老人同住人数以2人同住为主（46.0%），其次为1人同住（22.2%），与3人及以上居住的比例占31.9%。

农村留守老人经常来往的对象依次是配偶、子女和邻居。从留守老人来往对象的情况来看，54.5%的农村留守老人以与配偶来往为主，其次为与子女和邻居来往，所占比例分别为 23.0% 和 15.5%。从性别来看，经常来往对象是配偶的男性比例（60.2%）高于女性（46.3%），经常来往对象是子女的女性比例（30.5%）却高于男性（17.8%）。随着年龄的增长，农村留守老人经常来往的对象由配偶转向子女和邻居。农村留守老人与配偶来往的比例从 60—64 岁的 55.6% 逐渐降低到 80 岁及以上的 37.0%，而与子女和邻居来往的比例分别上升到 37.0% 和 22.2%（见表 3-19）。

表 3-19　　　　　　农村留守老人来往对象情况　　　　　　单位：%

类别	合计	男	女	60—64 岁	65—69 岁	70—74 岁	75—79 岁	80 岁及以上
配偶	54.5	60.2	46.3	55.6	60.3	57.8	61.1	37.0
子女	23.0	17.8	30.5	18.5	13.8	26.7	22.2	37.0
亲戚	4.0	5.1	2.4	3.7	1.7	6.7	2.8	3.8
邻居	15.5	14.4	17.1	14.8	19.0	8.8	11.1	22.2
其他	3.0	2.5	3.7	7.4	5.2	0.0	2.8	0.0

资料来源：根据在贵州省、四川省、云南省调查数据计算而得，N=201。

西部地区农村留守老人的主要特征表现为"三低"，即经济收入低、文化程度低、社会保障覆盖率低；"两高"，即患病率高、丧偶率高。

西部地区具有特殊的文化环境，经济社会发展相对滞后，缺乏医疗卫生资源，社会保障制度不健全，社会保障覆盖面较低，导致西部地区农村留守老人的物质需求、医疗需求和精神需求都无法得到有效满足。同时，留守老人弱势地位突出，如：经济弱势、社会地位弱势、社会资源获取弱势，从而导致留守老人对满足其精神、文化、经济、健康、认知等资源的需求巨大。完善西部地区农村的医疗卫生体系、健全西部地区农村的社会保障制度、发展西部地区经济帮助西部地区农村留守老人脱贫，关系到西部地区的整体发展。

第四章

西部地区农村留守老人面临的老年风险与影响

第一节　西部地区农村留守老人老年风险现状

随着年龄增长而不断增加的压力、冲突、矛盾、困境、不确定性、损失与负性（消极）事件等称为老年风险，这些风险是由健康风险、照料风险、家庭风险、养老风险、收入风险、婚姻风险、子女风险、死亡风险、角色风险和社会风险等构成的，其中各个风险之间存在紧密的联系。西部地区农村留守老人面临严峻的老年风险问题，同时导致西部地区农村留守老人老年风险问题的原因具有多样性，留守老人的老年风险不仅有随着年龄增长而产生的关于健康、照料、养老、收入、婚姻、子女、死亡和角色等风险，还有来自留守老人特殊的居住方式和社会变迁等各个方面的综合原因。一方面，这些原因增大了留守老人脆弱性和面临风险的概率。留守老人居住方式中，子女外出，长期对留守老人的照料缺位增加了留守老人的照料风险、家庭风险和子女风险；另一方面，这些现实问题也减弱了留守老人抵御风险的能力。低收入从经济上阻碍了留守老人通过经济途径抵御老年风险；社会变迁导致的价值观念的改变，使留守老人的价值观与年轻人的价值观发生冲突，减弱了留守老人抵御风险的能力等。

一　健康风险

西部地区农村留守老人面临的健康风险较高。老年人处于个体生命周期的成年晚期和老年期，生命个体进入这个阶段，突出的特点是人体生理功能发生多方面的退行性变化，其中慢性病是这个年龄段的高发阶段。西部地区农村留守老人慢性病患病率高,患慢性病的现象在老年群体中普遍存在。西部地区留守老人慢性病患病率达到81.7%,且各年龄阶段的留守老人的患慢性病率不同,慢性病的高发年龄段集中在70—84岁,其中70—74岁最高为85.9%(见表4-1)。慢性病对留守老人生理和心理造成了巨大的健康压力,同时,使留守老人面临巨大的健康损失,给留守老人日常生活造成极大影响,而且慢性病导致相关并发症的发病率和死亡率较高。所以慢性病是西部地区农村留守老人存在的主要健康风险。

表4-1　　　　西部地区留守老人各年龄组患慢性病情况　　　　单位:人,%

年龄组	人数	是否患有慢性疾病			
		是	比例	否	比例
60—64岁	462	369	79.9	93	20.1
65—69岁	330	263	79.7	67	20.3
70—74岁	290	249	85.9	41	14.1
75—79岁	241	201	83.4	40	16.6
80—84岁	138	117	84.8	21	15.2
85—89岁	53	39	73.6	14	26.4
90岁及以上	24	18	75.0	6	25.0
合计	1538	1256	81.7	282	18.3

资料来源:2018年中国老年社会追踪调查。

从健康状况自评来看,近四成的西部地区农村留守老人健康状况自评较差。通过对西部地区农村留守老人健康状况自评的分析,可以进一步了解老年人的健康风险。西部地区农村留守老人在自评健康状况中,认为自己健康的老人占被调查对象的38.4%,认为健康状况一般的老人占25.6%,明确认为自己不健康的老人占36.0%(见表4-2)。可见,留守老人健康状况自评不容乐观,面临的健康风险较大。

表 4-2　　　　　　西部地区留守老人自评健康状况　　　　　单位：人，%

自评健康状况	人数	比例
很健康	140	9.0
比较健康	457	29.4
一般	398	25.6
比较不健康	390	25.1
很不健康	169	10.9
合计	1553	100.0

资料来源：2018年中国老年社会追踪调查。

西部地区农村留守老人健康风险高还表现在患慢性病多样、看不起病等方面。随着年龄的增长，留守老人的健康风险日益增加，留守老人慢性疾病的多发性与多样性并存，同时，留守老人无钱看病的状况进一步加大了健康风险。从对留守老人个案访谈资料中可以反映这种情况。

　　徐先生（C76）：我身体不好，头昏，还有脑梗，经过医院检查，检查结果左眼失明。我没有什么经济收入，没有钱，所以没有进行治疗，没有买药，也不怎么吃药。

　　张女士（C69）：我有高血压、心脏病。我的药都没有断，心脏病的药、高血压的药每天都要吃。这些药的费用不高，一个月就是大约几十块钱。我老头眼瞅不见、耳朵聋、腰疼、腿疼。他的眼是糖尿病引起的并发症，看不见，住院也住过，在眼科医院住院医生说他的眼不动手术也治疗不好。

综合调查数据和实地访谈资料可以得出，西部地区农村留守老人随着生理功能下降，慢性疾病成为留守老人普遍面临的健康风险。多种慢性病共存及可能导致并发症风险的现状与留守老人没有经济能力进行治疗的现状并存，这导致留守老人抵御风险的能力减弱，间接加剧了留守老人面临的健康风险。

留守老人健康风险除了由于老年人自身的生理功能下降直接导致

的外，同时还有其他原因导致的潜在风险。一方面，西部地区普遍缺乏医疗卫生人员，医疗卫生设施建设落后，导致农村医疗卫生资源不足；另一方面，西部地区医疗卫生人员专业技术水平不高，很难为留守老人提供专业性强的医疗服务，留守老人不仅难以及时看病，而且可能由于耽误疾病诊治时间而导致严重的后果。在西部地区，农村患疾病的留守老人经济条件较差，生病时往往选择吃中药或者"土郎中"开的"土药"，留守老人的这一行为增加了潜在的健康风险。

二 照料风险

西部地区农村留守老人照料需求、照料意愿和照料现状之间的冲突，构成了农村留守老人的照料风险。研究发现，我国日常生活不能完全自理的老年人占 8.54%，工具性日常生活不能完全自理老人占 40.06%，约 8% 的老年人需要得到专业化的长期照护服务，其中 2.19% 的重度失能老人更是长期照护服务的重点人群。[①] 可见，老年人的照料需求在我国是个普遍现象且需求量较大，从而给老年人个人、配偶、子女和家庭造成了较大的压力。对于留守老人而言，这个群体的突出特点是在居住方式上面，子女常年在外务工，丧失了子女对老年人照料的条件。

西部地区农村留守老人照料资源短缺，增加留守老人的照料风险。子女外出务工，老人居住方式发生变化，代际空间距离增大，客观上减少农村留守老人对照料资源的获取。首先，代际空间距离增大，能提供照料的子女数量减少，这意味着外出务工的子女不能经常性地对农村留守老人提供照料。其次，女性劳动力外出务工数量的增加，影响了传统的女主内的照料结构，女性照料留守老人的资源减少。所以，代际空间距离增大和女性参加工作的数量的增加，都在一定程度上减少了留守老人的照料资源，增加了照料风险。

---

① 孙鹃娟、冀云：《中国老年人的照料需求评估及照料服务供给探讨》，《河北大学学报》（哲学社会科学版）2017 年第 5 期。

陈女士（C77）：我身体很差，有高血压和冠心病，高血压现在靠吃药控制，平时晚上出去跳舞锻炼。我老伴去世两年了，有一个儿子和一个女儿，女儿在外地工作，距离挺远的，一般假期才回来看我，儿媳是独生女，所以和儿子住在市里。

西部地区农村留守老人照料质量缺少保障，增加了留守老人的照料风险。随着留守老人的年龄增长，从身体的状况出发，有日常生活起居照料、疾病照料和日常生活帮扶照料等不同层次的照料需求。留守老人子女不在身边，日常生活能力较差、生病、受伤和需要帮扶的时候，留守老人得不到子女的及时照料。然而西部地区留守老年人对照料提供者的意愿数据显示，留守老人认为照料老人主要由子女承担的占56.9%，其次是老人自己或者配偶照料的占17.3%（见表4-3）。可见，留守老人的照料意愿、照料需求和照料现实之间的冲突，体现西部地区农村留守老人照料质量较差，照料风险较大。

表4-3　　　　　西部地区留守老人照料意愿情况　　　　单位：人，%

照料主要有谁来提供	人数	比例
政府	154	10.2
社区	10	0.7
子女	858	56.9
老人自己或配偶	260	17.3
政府/子女/老人共同承担	224	14.9
合计	1506	100.0

资料来源：2018年中国老年社会追踪调查。

李女士（C71）：我患有胆结石和骨质增生，紧张时血压会升高，另外，因为家庭变故，哭了一个月，落下了眼疾。我老伴不在了，孩子也去世了，现在家人就只有我和一个孙子，孙子在苏州上班，一年回来三四次，我现在自己一个人住。

三　收入风险

西部地区留守老人经济收入来源结构单一、劳动能力日益丧失、较高的恩格尔系数及子女经济支持的不稳定性等特征,增加了西部地区留守老人这一弱势群体的收入风险。西部地区由于资源禀赋的缺陷、经济发展落后、财政投入不足、文化落后和文化贫困以及弱势群体权利资源的贫困等多因素,最终导致西部地区成为我国贫困的高发区,西部地区贫困人口占全国贫困人口比重高达65.1%。[①] 相关研究数据显示,2012年西部地区农村居民家庭恩格尔系数平均为46.24%,同期全国的家庭恩格尔系数平均为39.33%。[②] 较高的恩格尔系数反映出西部农村家庭收入的近一半是用于生存需要,而西部农村留守老年人劳动能力渐渐丧失,势必不在从事有收入的工作。调查数据显示,西部地区农村留守老人中不在从事有收入的工作的占75.7%（见表4-4）,加之西部地区农村社会养老保险水平较低,综合得出农村留守老人的收入水平较低,同时恩格尔系数较高,直观地反映出了留守老人的生活存在困境和压力,收入风险较高。

表4-4　　　　　　　西部地区留守老人参加工作情况　　　　　　单位：人,%

是否从事有收入的工作/活动	人数	比例
是	378	24.3
否	1177	75.7
合计	1555	100.0

资料来源：2018年中国老年社会追踪调查。

西部地区农村留守老人随着年龄增长,经济收入日益减少,较高的恩格尔系数,增加了留守老人的生存压力。在个体随着年龄增长的过程中,留守老人的晚年生活、看病和养老等问题的不确定性增强,这些不确定因素无形中增加了留守老人的压力。特别是留守老人生病,不仅直接影响留守老人通过劳动创造收入,而且会因为花钱看病增加留守老人的支出,增加留守老年人的收入风险。

---

① 张映芹、郭维维：《中国农村贫困的西部集中化特征及其成因》,《陕西师范大学学报》（哲学社会科学版）2015年第3期。

② 张映芹、郭维维：《中国农村贫困的西部集中化特征及其成因》,《陕西师范大学学报》（哲学社会科学版）2015年第3期。

第四章 西部地区农村留守老人面临的老年风险与影响

> 张女士（C69）：我们现在还能劳动，就自己种点地，够自己吃，也不用孩子们拿钱给我们。平时我们多种的菜就拿到集市去卖，多少挣点钱，但也挣不多。日常开销也挺大的，看病吃药花销大，我们俩一个月药钱就要一二百，还有平时的柴米油盐酱醋茶都要花钱。除此之外，农村的人情礼钱也是一大笔开销，我们种地所赚的钱就基本上刚刚够自己花。

西部地区农村留守老人子女经济支持的不稳定性增加了留守老人的收入风险。子女对留守老人的补贴不稳定且偏低，[1]其收入具有间接性，与子女的孝敬程度关联性强；[2]年轻父母更加关注其子女的衣食和上学，用于留守老人的赡养的费用偏少。[3]外出子女经济支持是农村留守老人的重要组成部分，子女经济收入的不稳定直接对留守老人的收入构成风险，在实地调研中发现，由于贫困的原因，外出子女负担过重，存在不给父母经济支持的现象，增加了留守老人的收入风险。

> 刘先生（C81）：我家经济困难，没有什么经济来源，没有钱就卖点农产品，至于儿子家，他们有自己的小孩要养，生病了子女也没有钱给我们看病。

通过深入西部地区农村村庄的调查和访谈了解到，留守老人自己种地，维持朴素、基本的生活，虽然说子女在外务工赚到了一些钱，留守老人出于对子女的考虑，子女还有孩子要养，也不忍心接受子女的钱，有时还帮着子女照看孙辈，实际上，为人父母的慈爱之心也增加了他们的负担，间接地增加了留守老人的收入风险。

---

[1] 王全胜：《农村留守老人问题初探》，《学习论坛》2007年第1期。
[2] 蔡蒙：《劳务经济引致下的农村留守老人生存状态研究——基于四川省金堂县竹篙镇的实证分析》，《农村经济》2006年第4期。
[3] 郑青：《论地方政府对农村"留守"老人养老的政策导向》，《甘肃行政学院学报》2004年第4期。

四 养老风险

家庭结构的变迁导致了家庭功能的变化，社会快速转型导致年轻人家庭观念的变化，特别是孝道观弱化现象普遍，使子女应为父母提供支持受到现代价值观的影响，最终导致家庭的传统养老功能弱化，老年人面临养老困境。同时，目前我国仍然以家庭养老为主的社会现实与之形成明显的矛盾，特别是我国的西部地区，大量青少年劳动力流入城市，农村留守老人的养老困境更为突出。

西部地区农村留守老人依赖传统家庭养老，养老规划不足。在照料方面，更希望子女为自己提供照料的占57.0%，更希望自己或者配偶提供照料的占17.3%。从留守老人对提供照料者的选择情况看，在观念上，留守老人依赖家庭养老方式，导致留守老人缺少必要的养老规划。调查数据显示，留守老人没有对自己的养老做出任何规划和安排的占比高达85.2%（见表4-5），随着子女的离开或者丧偶，没有做任何的养老规划和安排将会使留守老人未来的养老存在潜在风险。

表4-5　　　　　　西部地区留守老人养老规划情况　　　　　　单位：人，%

是否做养老规划	人数	比例
是	230	14.8
否	1326	85.2
合计	1556	100.0

资料来源：2018年中国老年社会追踪调查。

西部地区农村留守老人养老观念保守增加了留守老人的养老风险。在选择在哪里养老这一问题上，留守老人打算在自己家养老的占67.1%，留守老人打算在子女家养老的占29.3%，打算在养老院养老的只占2.1%，在社区日托站或托老所的只有0.1%（见表4-6）。保守的养老观念禁锢了西部地区农村留守老人的思维，在自己和配偶或者子女不能提供相应的养老资源的时候，留守老人缺乏向外界获取养老资源的思维或者条件，增加了留守老人的养老风险。

表 4-6　　　　　西部地区留守老人理想养老场所情况　　　　单位：人，%

今后打算主要在哪里养老	人数	比例
自己家	1009	67.1
子女家	441	29.3
社区的日托站或托老所	1	0.1
养老院	32	2.1
其他	21	1.4
合计	1504	100.0

资料来源：2018年中国老年社会追踪调查。

西部地区农村留守老人获得的社会养老资源不足，留守老人养老风险较大。首先，农村养老院投入不足，农村留守老人对养老院缺乏了解。在深入农村访谈的过程中了解到，养老院一般修建在乡镇街道上，村里没有养老院，留守老人也对养老院缺乏深入的了解。从留守老人对养老院的了解情况看，留守老人对养老院不了解的占52.3%（见表4-7）。

表 4-7　　　　　西部地区留守老人养老院了解情况　　　　单位：人，%

养老院的了解情况	人数	比例
了解	278	17.9
有些了解	464	29.8
不了解	813	52.3
合计	1555	100.0

资料来源：2018年中国老年社会追踪调查。

正是因为不了解，留守老人对养老院的养老途径缺乏理性的认识，所以一定程度上限制了留守老人的养老途径。调查数据显示，留守老人的养老院养老意愿中，无论如何都不去养老院养老的留守老人占78.0%（见表4-8）。因此，农村养老院资源投入的不足，导致留守老人对其缺乏了解，减少了留守老人对社会养老选择面，间接增大了养老风险。

表4-8　　　　西部地区留守老人会去养老院养老的情况　　　　单位：人，%

什么情况下会去养老院	人数	比例
身体不好，需要有人照料	187	12.6
孤独寂寞，需要有人陪伴	16	1.1
出现家庭矛盾	15	1.0
为了换个居住环境	12	0.8
无论如何都不会去	1157	78.0
其他	97	6.5
合计	1484	100.0

资料来源：2018年中国老年社会追踪调查。

其次，农村养老保障水平较低，增加了西部地区农村留守老人的养老风险。西部地区农村留守老人中，享受农村社会养老保险金的老年人占总人数的49.3%，享受城镇职工基本养老保险的留守老人只有14.3%，享受机关事业单位离退休金的留守老人占12.1%（见表4-9）。可见，西部地区的养老保障主要以农村社会养老保险金为主，然而，农村养老保险金水平较低，在实地调研和访谈过程中发现，大部分农村留守老人的养老保险金每月只有70元，所以较低的农村养老保障水平增大了留守老人的养老风险。

表4-9　　　　西部地区留守老人养老保障情况　　　　单位：人，%

项目		人数	比例
是否享受城镇职工基本养老金	是	222	14.3
	否	1331	85.7
	合计	1553	100.0
是否享受机关事业单位离退休金	是	187	12.1
	否	1363	87.9
	合计	1550	100.0
是否享受城镇居民社会养老保险金	是	124	8.0
	否	1422	92.0
	合计	1546	100.0

续表

项目		人数	比例
是否享受农村社会养老保险金	是	762	49.3
	否	785	50.7
	合计	1547	100.0
是否享受城乡无社会保障老年居民养老金	是	71	4.6
	否	1475	95.4
	合计	1546	100.0
是否享受最低生活保障金或贫困救助金	是	155	10.0
	否	1392	90.0
	合计	1547	100.0
是否享受高龄津贴	是	131	8.5
	否	1416	91.5
	合计	1547	100.0
是否享受政府其他救助	是	114	7.4
	否	1433	92.6
	合计	1547	100.0

资料来源：2018年中国老年社会追踪调查。

最后，西部地区农村留守老人优待条件不足，在农村地区，农村留守老人享受到当地的老年优待的只有19.2%（见表4-10），这是农村优待条件不足的主要表现，相对城市，农村没有更加因地制宜的留守老人优待措施，使留守老人没有享受老人优待的条件，缺少丰富留守老人生活色彩的促进因素，增加了留守老人的养老风险。

表4-10　　　　西部地区留守老人享受老年优待情况　　　　单位：人，%

是否享有当地老年优待	人数	比例
是	299	19.2
否	1257	80.8
合计	1556	100.0

资料来源：2018年中国老年社会追踪调查。

五 婚姻风险

随着年龄的增长，老年人由于双方身体素质的不一致，失去配偶的风险在所难免，同时，根据质性分析结果来看，由于父母包办婚姻，家庭生活不和谐，情感生活不幸福，导致婚姻破裂。离婚后对子女、财产等方面的处置，往往容易导致更多的纠纷。[1] 这是由于离婚直接导致的婚姻风险，间接的风险便是社会对留守老人离婚的容忍程度，留守老人生活的时代背景不同于现在，人们对离婚的认识和看法不一。在西部地区农村留守老人中，留守老人的离婚率较低，留守老人中离婚的只有1.1%（见表中4-11），数据从一定的角度显示了留守老人受生活的时代观念的影响对离婚的容忍度较低。

表4-11　　　　　　西部地区留守老人婚姻状况　　　　　　单位：人，%

婚姻状况	人数	比例
已婚有配偶	1032	66.3
丧偶	485	31.1
离婚	16	1.1
未婚	24	1.5
合计	1557	100.0

资料来源：2018年中国老年社会追踪调查。

在调查数据中，"如果老伴不在了，您是否赞成再找一个"，持赞同观点的只有17.3%（见表4-12），可以进一步证实西部地区农村留守老人对婚姻的观念相对来说比较保守，所以留守老人一旦丧偶，再婚的可能性较低，婚姻风险较大。然而，西部地区农村留守老人丧偶人数占比为31.1%（见表4-11），综合得出，较高的丧偶率，较低再婚容忍度，也是西部地区农村留守老人面临较高的婚姻风险的体现。

---

[1]　王武林：《风险视角下贫困地区老年妇女宗教信仰的影响因素》，《宁夏社会科学》2016年第6期。

表 4-12　　　　　　　西部地区留守老人再婚态度　　　　单位：人，%

再婚态度	人数	比例
再找一个	188	17.3
看具体情况而定	369	34.0
不找	471	43.4
无法回答	57	5.3
合计	1085	100.0

资料来源：2018年中国老年社会追踪调查。

西部地区农村留守老人相对于非留守老人婚姻风险较大。西部地区农村留守老人相对于非留守老人，最大的特点是子女在外务工，留守老人只能夫妻二人相互照顾，如果出现丧偶的情况，留守老人在生活上和精神上都会受到重大的打击，给留守老人的老年生活和婚姻都造成严重的影响，相对于非留守老人，留守老人更加孤独，打击更大，综合访谈资料可以得出，丧偶的留守老人只能自己照顾自己，比较孤独。

黄女士（C18）：我老伴去世，没有办法，现在是自己一个人住。

李女士（C26）：我有两个女儿，都不在身边，一个在台湾，另一个在广东。老伴去世了，我现在是一个人住着，平常自己照料自己。

西部地区农村留守老人中女性留守老人相对男性留守老人婚姻风险较大，在调查的样本中，男女总数分别是806人和738人，丧偶的男女人数分别为155人和323人，在调查总人口中，男性的丧偶占10.0%，女性的丧偶占21.0%（见表4-13），女性的丧偶率是男性的2.1倍，可见女性丧偶率高于男性。

表 4-13　　　　　　西部地区农村留守老人婚姻状况　　　　　单位：人，%

婚姻状况	人数	比例	男性 人数	男性 比例	女性 人数	女性 比例
已婚有配偶	1026	66.5	617	40.0	409	26.5
丧偶	478	31.0	155	10.0	323	21.0
离婚	16	1.0	11	0.7	5	0.3
未婚	24	1.5	23	1.48	1	0.02
合计	1544	100.0	806	52.18	738	47.82

资料来源：2018 年中国老年社会追踪调查。

这与学界相关研究数据相一致，即老年妇女丧偶率比老年男性高。[1] 因此，较高的丧偶率会增加留守老人的婚姻风险，女性留守老人的婚姻风险比男性留守老人的婚姻风险大。

六　死亡风险

老年人进入老年期以后，个体老龄化步伐日益加快，距离生命终点越来越近，死亡风险增大，老年人的内心的恐惧、惊恐和不安是老年人面对死亡这一风险的心理变化。已有研究显示，有老人提到"害怕死亡是人的天性"，年纪越大越接近死亡，其内心对死亡等相关事件上更易产生恐惧和焦虑等负面情绪，其原因包括对死亡方式如濒死时间长感到焦虑，担心久病卧床成为家人的负担，对意外死亡或重病死亡、死亡的不确定性和认识不足、"死后未知"等有害怕的心理。[2] 也有学者从身体疾病恐惧、虚无未知恐惧、影响他人恐惧和人际关系恐惧 4 个维度编制了老年人死亡恐惧量表。[3] 韦庆旺等则认为死亡心理的核心内涵是外部防御和内在成长。[4] 综合来看，老年人对

---

[1] 王武林：《风险视角下贫困地区老年妇女宗教信仰的影响因素》，《宁夏社会科学》2016 年第 6 期。

[2] 裴彩利等：《农村老年人死亡态度的质性研究》，《护理学杂志》2018 年第 5 期。

[3] 徐晟等：《老年人死亡恐惧量表的编制》，《中国临床心理学杂志》2015 年第 1 期。

[4] 韦庆旺等：《死亡心理：外部防御还是内在成长？》，《心理科学进展》2015 年第 2 期。

死亡的感知，一方面是老年人随着年龄的增长自身所产生的心理变化，其中更多的是消极面的变化；另一方面是随着年龄的增长外界对老年人产生作用所导致的影响。

首先，西部地区农村留守老人对年老的意识情况，显示留守老人对死亡风险的初步感知。当生活不能自理的时候是农村留守老年人觉得自己变老的开始，有这类想法的老年人占比为22.4%，当退休/不工作/不劳作时觉得自己开始变老的有20.6%，当行走不便时觉得自己变老的有19.8%，当脑子不好使了/记忆力下降时觉得自己变老的有13.5%，合计具有以上心理变化的留守老人达76.3%（见表4-14）。认为自己变老的具体事件的共同特点是，随着年龄的增长，生理功能下降导致留守老人对自己的一生发出感叹"老了"。当留守老人认为自己老了，意味着对死亡的这个事实更加敏感，特别是随着身体功能的日益减退，自己对身体状况变化的感受，留守老人对死亡的感知越发敏感，所伴随的心理状态的变化，增加了农村留守老人的死亡风险。

表4-14　　　　　西部地区留守老人变老感知情况　　　　单位：人，%

您觉得人什么时候开始变老	人数	比例
退休/不工作/不劳作	223	20.6
行走不便	215	19.8
生活不能自理	243	22.4
老伴去世	12	1.1
有了（外）孙子女	12	1.1
脑子不好使了/记忆力下降	147	13.5
其他	187	17.3
无法回答	45	4.2
合计	1084	100.0

资料来源：2018年中国老年社会追踪调查。

其次，西部地区农村留守老人变老以后的价值导向体现了留守老人自身身体情况变化之外的客观原因——对"变老"的恐惧。西部地区农村留守老人完全赞同变老是一个不断失去的过程（如失去健康、失去朋友亲人、失去能力等）的占比高达40.2%，对此不赞同的留守老人只有15.8%（见表4-15）。一系列的不断失去、不断丧失的过程，这样的价值认识产生的负面情绪减弱了农村留守老人抵御死亡风险的能力。

表4-15　　　　西部地区留守老人变老的价值认识情况　　　　单位：人，%

是否同意变老就是一个不断失去的过程	人数	比例
完全不同意	63	5.8
有点不同意	109	10.0
无所谓	134	12.3
有点同意	322	29.6
完全同意	437	40.2
无法回答	23	2.1
合计	1088	100.0

资料来源：2018年中国老年社会追踪调查。

七　家庭风险

中国社会结构急剧转型与经济体制转轨，导致家庭结构向小型化和核心化转变，家庭成员价值观念多元化，家庭观念与家庭关系随之也发生了根本性改变。家庭观念的变化导致家庭代际关系松散，代际价值观冲突，代际交流困难，从而引起老人的焦虑、担心和情绪低落。

西部地区农村留守老人家庭中代际关系松散，家庭中代际的空间距离较远，是增加家庭风险的现实因素。由于子女常年在外打工或者求学，留守老人常年自己居住，久而久之，留守老人与子女见面时间和次数少了，交流少了，对于家庭的概念就没有传统的四世同堂家庭强，家庭中父代与子代和孙代的关系渐渐变得松散，联系性减弱，增加了留守老人的家庭风险。

张女士（C29）：我有两个孙子，一个在北京读师范，另一个在美国读研。我的几个孙女,一个在天津读师范学院,一个在北京读完要走了,去美国不用花学费,让我跟着去,生活费挺高的,我没去。另一个我的外孙女在天津外语学院读西班牙语,也会去西班牙,我不管他们就管我自己,我的钱就用来做点好事。

由于父辈与子孙辈生活的时代不同,每个时代的经济条件和社会主流文化的不一致等多方面原因导致的代际价值冲突是增加家庭风险的关键。对留守老人而言,传统家庭观念中的"久病床前无孝子"伦理观念仍然根深蒂固,持赞同态度留守老人占60.5%。同样根深蒂固的观念还有如"养儿(子)防老",持同意态度的留守老人多达70.8%(见表4-16)。其中,在传统的家庭价值观念中,如果留守老人久病,与"久病床前无孝子"相冲突,致使家庭风险不可避免。从现今的养老观念的视角出发,现在主流是社会养老,这与传统观念构成理论价值的冲突,所以受传统观念影响较深的西部地区农村留守老人与现行推行的社会养老政策价值观之间的矛盾增加了留守老人的家庭风险。

表4-16　　　　部贫困地区农村留守老人子女观念情况　　　单位:人,%

	项目	人数	比例
是否同意"养儿(子)防老"	同意	769	70.8
	看具体情况而定	182	16.8
	不同意	126	11.6
	无法回答	9	0.8
	合计	1086	100.0
是否同意"久病床前无孝子"	同意	657	60.5
	看具体情况而定	227	20.9
	不同意	181	16.7
	无法回答	21	1.9
	合计	1086	100.0

资料来源:2018年中国老年社会追踪调查。

八 社会风险

社会急剧变革，社会道德水平下降，人与人之间缺乏最基本的信任，促使个体面临的社会风险增加。特别是老人进入老年期后，对未来生活的无法预知、无法掌握和无法确定增加了老人对未来生活的不安。西部地区农村留守老人在家庭中是家庭弱势方，在社会中是社会的弱势群体，在家庭和社会中地位随着他们对资源掌握的失去而失去。杨华等认为，中国底层社会的绝大部分问题，通过城乡二元结构与资源积聚机制，转嫁给了农村；在农村内部，这些问题则通过阶层分化与竞争机制，被分配到了农村的某些阶层，而非均质地分布在各个阶层；同时，农村社会又通过家庭内部的代际分工与剥削机制，将被分配到某些阶层的底层问题，转嫁到了这些阶层的老年人身上。[①] 农村留守老人所面临的社会风险，主要因为农村留守老人作为弱势群体被社会边缘化，同时社会中最基本的组成细胞——家庭也从内部对留守老人进行边缘化。所以农村留守老人在应对快速变化的社会会产生困境，社会变化越快，留守老人需要面临的社会风险随之扩大。

西部地区农村留守老人作为弱势群体被边缘化，留守老人社会风险较高。社会变迁，城市化进程加快，农村青壮年劳动力流入城市，农村留守老人随着社会转型，不可避免地被社会边缘化。留守老人对社会的参与率较低，互动减少，即使留守老人有参与社会互动的意愿，也缺少参与社会互动的资源。随着年龄的增长，留守老人退出劳动力市场，社会变迁，留守老人不仅社会地位下降，而且应对社会变化的适应能力也逐渐降低。调查数据显示，西部地区农村留守老人中想为社会做点事的占 41.3%，认为社会变化太快难以适应的占 33.4%，认为社会中越来越多的观点难以接受的为 28.0%（见表 4-17），留守老人不在从事有收入的工作的占 75.7%。可见，农村留守老人随着个体年龄增长，渐渐退出劳动力市场，社会资源逐渐丧失，

[①] 杨华、欧阳静：《阶层分化、代际剥削与农村老年人自杀——对近年中部地区农村老年人自杀现象的分析》，《管理世界》2013 年第 5 期。

留守老人社会地位下降，社会风险较高。

表 4-17　　2018 年西部地区农村留守老人社会风险分析　　单位：人，%

项目		人数	比例
我常常想再为社会做点什么事	完全不符合	215	19.8
	比较不符合	208	19.2
	一般	196	18.0
	比较符合	302	27.8
	完全符合	147	13.5
	无法回答	18	1.7
	合计	1086	100.0
社会变化太快，我很难适应这种变化	完全不符合	248	22.8
	比较不符合	252	23.2
	一般	198	18.2
	比较符合	246	22.7
	完全符合	116	10.7
	无法回答	26	2.4
	合计	1086	100.0
现在，越来越多的观点让我难以接受	完全不符合	238	21.9
	比较不符合	278	25.6
	一般	225	20.7
	比较符合	229	21.1
	完全符合	75	6.9
	无法回答	41	3.8
	合计	1086	100.0

资料来源：2018 年中国老年社会追踪调查。

西部地区农村留守老人的居住方式加剧了留守老人社会风险。导致个人风险发生的因素来自自身、他人和社会及不可抗力带来的不确定性的掌控能力弱和认知不足，风险承受者是个人，个人抵御不了风险时会外溢给家庭，家庭化解不了的风险就会变成社会风险。[①] 从个

[①] 张盈华：《老年长期照护的风险属性与政府职能定位：国际的经验》，《西北大学学报》2012 年第 42 期。

人风险外溢的角度出发，留守老人抵御不了的风险便会外溢为家庭风险，然而根据留守老人居住方式的特点，留守老人的子女不在身边，所以诸如留守老人的健康风险、照料风险、婚姻风险和角色风险等风险，这些风险都需要留守老人自己去抵御。由于子女外出，在家庭中应该负有的责任长期缺失，所以留守老人一旦抵御不了个人风险，这些风险便将直接转化为社会风险，留守老人便更多地要向社会寻求帮助。因此，从这个角度出发，留守老人面对的社会风险更大，就社会风险本身而言，也是整个社会需要面对的风险。

九 角色风险

西部地区农村留守老人进入老年期是一个角色转变与角色认知的过程。这期间，留守老人对自己角色的认知受到年龄增长和社会变化两个方面的影响，角色认知与社会现实不一致会导致角色冲突和角色失败，这将增加留守老人的角色风险。家庭生命周期理论中，个体在家庭周期的不同阶段扮演着不同的角色，有不同的角色期待，在整个过程中，个体随着年龄自然增长必然要经历角色转换，同时随着社会变迁或者社会流动也会使个体经历角色转换。在这个过程中，个体一旦角色认知错位，角色冲突就不可避免，便会使个体面临角色风险。已有研究指出，角色冲突通常有两方面的表现：角色内冲突和角色间冲突。角色内冲突是针对同一个角色产生的冲突；角色间冲突是针对两个或两个以上的角色产生的冲突。[①]

首先，随着自然年龄增长，留守老人进入家庭衰老期，留守老人肌体衰老加快，疾病增多，面临着死亡的挑战。留守老人劳动力减弱，不再从事以前的职业，家庭和婚姻发生变化等，特别是在家庭中职能和地位转变比较明显，留守老人由家庭主心骨转变为更多是被照顾的角色。

王女士（C73）：我现在跟着女儿，我女儿在街上开幼儿园，

---

① 艾丽丽等：《关于角色冲突理论模型的文献综述》，《考试周刊》2011年第62期。

我就跟着她看个门。刚开始的时候给她做饭，每个月给我点钱。现在有专门的做饭的了，我就看个门，尽量的能干就多干点，不找事，她不给我钱，但是吃喝穿都是她管的，给我伺候的可好了，我也花不了啥钱，平时给我点零花钱啥的也没断过。

其次，社会变迁需要留守老人进行角色转换，对于留守老人而言，角色转换是自然年龄增长和社会变迁的双重作用，这增加了农村留守老人的角色风险。

个体进入老年期后最大的角色中断是老年人退出劳动力市场，生活环境基本以家庭为中心。在传统观念中，以主干家庭和父子轴心为主，有明显的尊卑孝悌的价值观。当个体进入老年期，固有的社会价值对父辈原家庭地位有一定的保护作用，角色过渡容易。在现今的市场经济观念中，对资源的占有程度较大者便是社会竞争中的优胜者，老年人退出劳动力市场，竞争力减小，同时传统的家庭观念转变，孝悌价值观减弱，个体进入老年期角色转换容易失败，角色风险较大。

十 子女风险

随着年龄的增长，对老人而言，子女是最大的依靠，不管是经济方面、照料方面和精神慰藉等方面。在子女成长的过程中，父辈付出了很多的时间、精力和金钱，是作为父辈成就的一方面。由于疾病、意外事故等原因导致子女不幸死亡对老人的生活带来重大的影响，对老人的精神打击较大。对于子女风险的研究，我国学术界重点关注的领域集中在独生子女风险、独生子女死亡、独生子女死亡家庭、独生子女死亡父母的社会保障、独生子女死亡的政府责任等方面。[①] 对于非独生子女家庭的研究较少。

中国传统文化中有"养儿（子）防老"和"不孝有三，无后为大"等伦理观念，所以中国传统观念中崇尚"多子多福"。受中国传

---

① 谢勇才：《中国独生子女死亡问题研究的回顾与展望》，《社会工作》2015年第2期。

统文化影响，人们通常认为"白发人送黑发人"是悲剧，不管是否是独生子女家庭，都面临子女死亡的风险。从年龄大小的角度出发，子女先于父母死亡的概率较低，但随着人均预期寿命的延长和社会的快速发展，个体面临风险的不确定因素增加，子女先于父母死亡概率增加，特别是西部地区农村留守老人，他们中有的子女是农民工。有关研究显示，贫困地区外出的农民工一般从事建筑业类或者加工业类等劳动力密集型行业，特别是从事建筑业的农民工，他们面临的死亡风险较在家乡从事农业高，所以理论上增加了留守老人的子女风险。在实际调查中，西部地区农村留守老人在过去的 12 个月中，调查的人数中就有 11 例子女去世的，占总人数的 0.7%（见表 4-18），也就是说 1000 户农村留守老人家庭中，有 7 户的子女死亡，接近 2014 年中国平均人口死亡率 0.716‰，[①] 所以农村留守老人面临较高的子女风险。

表 4-18　　西部地区农村留守老人过去 12 个月子女去世情况　　单位：人，%

过去 12 个月中，是否有子女去世	人数	比例
否	1539	99.3
是	11	0.7
合计	1550	100.0

资料来源：2018 年中国老年社会追踪调查。

西部地区农村高龄留守老人面临较大的子女风险。西部地区农村高龄留守老人占比较高为 14.1%（见表 4-19），高龄留守老人相对非高龄留守老人，年龄较大，其子女的年龄也相对较大，结婚生子早的高龄留守老人其子女也进入老年期或者即将进入老年期，其子女死亡风险增大。除此之外，子女死亡对高龄留守老人的冲击较大，精神打击更为严重，对此产生的困扰更加明显，综合来看，高龄留守老人的子女死亡风险更大。

---

① 智研咨询：《2017—2018 中国人口老龄化市场研究及发展趋势研究报告》，2017 年。

表 4-19　　　　　　西部地区农村留守老人年龄结构　　　　单位：人，%

年龄组	人数	比例
60—64 岁	469	30.1
65—69 岁	333	21.4
70—74 岁	291	18.7
75—79 岁	244	15.7
80—84 岁	142	9.1
85—89 岁	54	3.5
90 岁及以上	24	1.5
合计	1557	100.0

资料来源：2018 年中国老年社会追踪调查。

西部地区农村留守老人面临来自健康、照料、收入、养老、婚姻、死亡、家庭、社会、角色和子女的风险，这些风险因素构成了农村留守老人的老年风险。各个风险因素从不同的维度影响着留守老人的生活，增加了留守老人晚年生活的不确定性和困境。

健康风险主要体现在 81.7%的农村留守老人患有慢性疾病，慢性疾病具有的长期性特征及其可能引发并发症的风险构成留守老人的主要风险，除此之外，从自评健康角度出发，留守老人自评健康情况较差。

照料风险来源于留守老人的照料意愿和照料现状之间的矛盾，从调查数据可见，留守老人更加愿意由子女照料自己，然而现实情况是由于子女外出务工，空间距离较大，子女对留守老人的照料处于长期缺位的状态，加之农村还没有取代子女照料留守老人的服务，留守老人照料问题突出，风险较大。

收入风险体现为西部地区农村经济收入来源单一，随着留守老人劳动力的下降，收入来源减少，外出子女经济支持的不稳定性和较高的恩格尔系数综合反映出留守老人的收入风险。

养老风险来源于留守老人受传统文化观念的影响，在现实生活中对自己未来养老缺乏规划，现行农村养老保险水平较低和农村养老保障设施的不齐全导致农村留守老人面临较大的养老风险。

婚姻风险来源于随着留守老人进入老年期，留守老人夫妻双方身体素质的差异，丧偶的概率增加，在此情况下，由于留守老人生活的时代的影响，留守老人再婚的容忍度较低，婚姻风险较大。

死亡风险主要是留守老人对死亡这一必然生命周期的恐惧、惊恐和不安等心理困境，随着生活自理能力变差、劳动能力变差和记忆力下降等特征的出现，留守老人对年老的意识增强，与之伴随的就是死亡的不安心理变强，加之年老价值观的导向作用增加了留守老人对死亡的心理认知，增加了留守老人的死亡风险。

家庭风险来源于留守老人子女长期在外务工存在的空间距离导致了家庭代际关系松散和不同价值认同，代际价值冲突增加了家庭不和睦因素，增加了留守老人的家庭风险。

社会风险来源于随着社会变迁，留守老人作为弱势群体被社会边缘化，被家庭边缘化，所以一旦留守老人遭受风险，留守老人的风险便会外溢给家庭，由于留守老人特殊的居住方式，子女责任的长期缺位，个人风险直接转换为社会风险，留守老人是社会边缘群体，增加了留守老人的社会风险。

角色风险来自留守老人变老这一生命周期角色转变和角色认知挑战，还有来自在社会中社会地位和社会角色转变的双重挑战，增加了留守老人的角色风险。

子女风险来自人均预期寿命的延长，个体面临风险的增多，子女先于父母死亡的概率增大，子女外出务工的死亡风险高于在家务农，增加了留守老人子女风险。

通过对西部地区农村留守老人老年风险的分析得出以下几点认识：

第一，西部地区农村留守老人普遍存在老年风险，从留守老人的健康状况的角度出发，有81.7%的留守老人患有慢性疾病，大部分留守老人都面临健康风险。从留守老人的照料角度出发，因其子女外出务工，子女对留守老人照料责任的长期缺位，农村没有能替代留守老人的照料服务，所以作为留守老人，照料风险普遍存在。从家庭角度出发，子女外出务工，留守老人家庭中的"空巢"普遍存在，空间距离较远致使代际关系松散,其中由于对外界接触不同产生的代际价值冲突更是加深了留守老人与其子女的沟通鸿沟,致使家庭风险在留守老人中普遍存在。

第二,西部地区农村留守老人老年风险高发性源于构成留守老人风险因素存在于留守老人生活的方方面面。从留守老人生理角度出发,随着年龄的增长,身体机能不断下降,健康风险便伴随产生;从留守老人心理角度出发,对死亡的恐惧与不安是人类生命周期中不可避免要遇到的问题,角色转变不仅考验留守老人整个生命周期中角色转变中的心理适应,也事关整个社会变迁中留守老人社会地位变化;从留守老人生活环境出发,子女外出务工,留守老人处于"空巢"状况,如遇不幸丧偶,留守老人就只能一人独居;从留守老人经济收入的角度出发,随着劳动能力的减弱,农村留守老人收入来源单一,来自子女的经济支持不稳定,留守老人的生存条件变差。

第三,西部地区农村留守老人老年风险诱使原因具有多样性。西部地区农村留守老人与其他老人相比,处于多重的弱势身份,首先从地域视角看,西部地区意味着留守老人的经济状况整体较差,相关的养老基础设施相对落后,在经济上处于相对弱势地位;其次从城乡视角看,当前的农村发展弱于城市,相对处于劣势;最后从老人视角看,老人是社会的弱势群体,随着社会变迁、社会价值观的变化,老人在整个社会中的社会地位下降,留守老人更加被社会边缘化,处于社会底层。所以西部地区农村留守老人的老年风险来自留守老人个人、他人、社会或者是社会转型等各个方面的综合因素。

第四,西部地区农村留守老人的各个风险因素之间相互作用,相互影响,增加了留守老人面临的老年风险的广度和深度。西部地区农村留守老人面临的贫困是导致留守老人面临风险的根本,收入风险的存在影响到留守老人对养老规划和对养老产品或者服务的使用情况,对留守老人的养老风险产生作用。当留守老人面临健康风险时,没有一定经济作为支撑,也就是如果健康风险与收入风险同时存在,那么势必加剧留守老人的死亡风险。所以各个风险因素中的相互作用是留守老人的风险特征,同时这一特征也加剧了老年风险。

第二节　农村留守老人老年风险的影响

一　老年风险对精神状态的影响

西部地区农村留守老人格外需要精神赡养和亲情滋养，但是事实证明，由于子女多外出打工，西部地区的农村留守老年人没有人照料和陪同聊天，他们经常出现孤独感和寂寞感，情况并不乐观。当农村老人失去自理能力同时又是留守老人时，子女将会成为照料和护理老人的第一责任主体。[①] 西部地区农村留守老人无法得到基本的照料时，老人的精神状态就会受到压迫，变得容易焦躁和疲倦，内心孤独感强。

家庭结构的变化，即出现单亲、离异或者是失独家庭；家庭观念的变化，出现家庭成员间的争吵，这些都是家庭风险的表现形式，它们会使得西部地区农村留守老人的心理发生巨大的变化。一方面，家庭的破裂使得农村留守老年人的孤独感剧增；另一方面，家庭间的琐事争吵，影响农村留守老人的心情。西部地区农村留守老人的家庭观念强烈，面临家庭风险的时候，他们的精神状态会受到极大的负面影响。例如，家庭观念的变化会导致家庭代际关系的松散、代际价值观冲突，这样就会出现代际交流困难，家庭成员间出现矛盾，这很容易引起西部地区农村留守老人的焦虑、担心和情绪低落。

社会风险对整个社会的良性运行有明显的影响，对农村留守老人的日常生活并没有很大影响，但是会对农村留守老人尤其是西部地区农村留守老人造成内心的恐惧，产生心理压力。他们作为一个弱势群体，既对于未来即将发生的事情无法预测，也没法凭借自己的力量去规避风险。

西部地区农村留守老人的角色转变与角色适应是西部地区农村留

[①] 穆光宗：《我国养老风险研究》，《华中科技大学学报》（社会科学版）2014年第6期。

守老人晚年应对的一个重要问题。当西部地区农村留守老人离开了原来的工作岗位或者回到了之前居住的地方，他们扮演的主要角色和生活环境发生了巨大的变化，他们的精神状态也会发生巨大的变化。现在他们扮演的角色是基于婚姻、血缘、亲戚等关系的家庭成员角色，生活的主要环境则是以家庭为主。那么，角色的适应和调试是进行角色转换的必要手段。与此同时，西部地区农村留守老人必须承担角色风险带来的心态变化。角色的转换是他们心态变化的关键，角色冲突的产生是不可避免的，西部地区农村留守老人会因为角色的变化出现失落感、孤独感。

子女风险是西部地区农村留守老人经常面对的风险之一。农村留守老人给子女付出了许多精力和金钱，子女是他们未来的希望。当子女意外死亡时，西部地区农村留守老人的精神会受到严重打击，根本无法接受子女的死亡事实，精神状态迷离，生活基本规律会被打乱，无法正常生活，甚至会有轻生的念头。

二 老年风险对家庭结构的影响

对于西部地区农村留守老人自己所属的家庭而言，其身体健康的好坏决定是否需要照料，经济收入的多少决定采取什么照料方式，子女的孝顺程度决定子女是否承担照料义务。无论是哪一种因素，都会因为照料问题给家庭结构造成不同程度的影响，对于小家庭而言，可能会因为是否愿意照料老年人，与老年人产生矛盾与冲突；对于大家庭而言，可能会因为由谁来照料老年人或者与照料相关的经济支出问题，使得家庭成员关系不和谐，家庭氛围变得沉重。

在现代社会中，爱情与婚姻所面临的风险相对来说是较低的，因为爱情与婚姻具有一体性，同时，婚姻有着相对稳固的纽带，如父母的意志、血缘的联结以及宗法制度的安排等，所以婚姻的不确定因素大大降低了。[1] 根据2018年中国老年社会追踪调查的数据可知，西部

---

[1] 王一贺、朱宁：《流动人口的婚姻风险研究》，《沈阳工程学院学报》（社会科学版）2014年第1期。

地区农村留守老人已婚的占60%，丧偶的占37.9%。可见西部地区农村留守老人中丧偶的比例较高，所以他们面临严重的婚姻风险，一旦出现了婚姻风险，家庭失去主要成员之一，家庭结构会发生微妙的变化，农村留守老人和子女之间的关系可能会因为经济等问题出现分裂。即使有再婚的可能性，但是原有的家庭结构已被打破，新组合的家庭要面临许多问题，例如家庭成员之间因为价值观或者其他方面原因，产生矛盾，出现种种不和谐的现象。

养老风险会对西部地区农村留守老人的家庭结构产生明显的影响。第一批独生子女父母逐渐进入老年阶段，独生子女父母的养老问题日益成为焦点。子女的唯一性致使家庭功能的脆弱以及独生子女家庭结构的单一。[1] 一旦出现了养老风险，子女是养老责任的承担主体，但是因为经济或者生活压力，他们不想去帮助老人养老，这样农村留守老人的家庭矛盾会爆发，到底是自己养老还是由周围亲戚帮助进行赡养成为争论的热点，家庭成员之间关系变得不和睦时有发生，甚至会出现家庭分裂的情况。

死亡风险对于西部地区农村留守老人是不可避免的，留守老人又是留守家庭最大的精神支柱，他们的离开会给整个家庭带来巨大的冲击，这个家庭就会名存实亡，外出打工子女的小孩无人照顾。另外，为了规避死亡风险，留守老人可能会增加医疗健康支出，这会使得家庭成员之间出现矛盾与冲突。

角色的转换可能会对家庭结构产生不同程度的影响。家庭结构的变化会导致家庭关系、家庭观念等方面的转变，从而产生家庭冲突与家庭矛盾。中国社会结构急剧转型与经济体制转轨，导致家庭结构向小型化与核心化转变，家庭成员价值观念多元化，家庭观念与家庭关系随之也发生了根本性改变。因为西部地区的农村留守老人会从照顾者变成被照顾者，角色的转换需要一定的周期，在此期间其他家庭成员也需要进行角色的转换，会有些不适应。因此，家庭成员之间会发

---

[1] 杨玉霞等：《浙江省部分地区农村老年人社区卫生服务利用状况及医疗费用调查》，《中国慢性病预防与控制》2012年第1期。

生冲突与矛盾，家庭不像以前那样和睦。

子女风险对西部地区农村留守老人的家庭结构有影响。我国自20世纪70年代起，开始实行严格的计划生育政策，时至今日，该政策已经走过了一代人。而西部地区农村留守老人本身就是孤独的一个群体，当他们的子女去世，自然就会面对子女风险。尤其是对于拥有"四二一"的特殊家庭结构来说，子女风险成为独生子女家庭中最大的风险，不仅意味着家长对于子女投资的失败，更有可能直接导致原本就分居两地的家庭结构的变形甚至解体。① 对于依靠子女提供生活费的农村留守老人家庭，可能连最基本的生活都无法满足了，家庭关系变得混乱。所以，子女风险对于家庭结构的冲击很大。

三 老年风险对养老的影响

对于农村留守老人的养老问题，首先提及的就是他们的健康状况。健康风险与西部地区农村留守老人的家庭消费行为没有很强的联系。但是老年人的整体健康水平下降，许多老年人会患上关节炎、心脏病、高血压等慢性疾病，面临着健康风险，需要持续的医药治疗，有些甚至需要护理机构的长期护理。西部地区农村留守老人在自评健康状况中，认为自己健康的老年人只占被调查对象的38.4%，自评与去年相比的健康状况，明确认为健康状况变差的高达47.6%（见表4-20），西部地区留守老人对自身健康的主观评价比较差，体现出老年人对身体健康的担忧。从被调查者的实际健康情况出发，患有慢性疾病的农村留守老人是总人数的81.7%，可以直观地看出老年人的健康状况不乐观，存在明显的健康风险。在分析老年人的自评健康状况和客观健康状况都较差的前提下，通过分析老年人对医疗服务的使用情况，得出老年人上门看病服务和康复治疗服务的使用率较低，分别只占被调查对象的4.8%和1.2%。总而言之，西部地区农村留守老人在自评健康和实际健康较差的情况

---

① 宋健：《"四二一"结构家庭的养老能力与养老风险——兼论家庭安全与和谐社会构建》，《中国人民大学学报》2013年第5期。

下，对医疗服务的使用率较低，体现出老年人健康风险较高，他们对于养老的需求很强。

表 4-20　　西部地区农村留守老人健康风险分析　　　　单位:%

	分项	百分比
自评健康状况	很健康	9.0
	比较健康	29.4
	一般	25.6
	比较不健康	25.1
	很不健康	10.9
	合计	100.0
与去年相比的健康状况	变好了	10.2
	差不多没变	42.2
	变差了	47.6
	合计	100.0
是否患有慢性疾病	有慢性病	81.7
	无慢性病	18.3
	合计	100.0
是否使用过上门看病服务	有使用	4.8
	没有使用	95.2
	合计	100.0
是否使用过康复治疗服务	有使用	1.2
	没有使用	98.8
	合计	100.0

资料来源：2018年中国老年社会追踪调查，N=1533。

照料风险是农村留守老人在养老方面面临的最大风险之一。由于年事过高，格外需要精神赡养和亲情滋养，同时，老年期又是失能的高发期，如果失能和留守同时发生在农村老人的身上，他们的生活起居需要其他人帮助，此时照料风险将是巨大的。但是事实证明，农村留守老人的被照料情况并不乐观。虽然需要在生活起居上提供帮助的农村留守老人仅有8.0%，但是当询问谁来承担照料义务时，57.0%的农村留守老人认为是子女，仅有10.1%的农村留守老人认为是政府（见表4-21）。出现这种状况，并不能说明农村留守老人很少有照料养老需求，即使需要照料，但是他们认为的照料主体的子女在外打工，面临的照料风险是巨大的。

表4-21　　　　　西部地区农村留守老人照料分析　　　　　单位：%

	分项	百分比
现在是否需要别人在生活起居上提供帮助	需要	8.0
	不需要	92.0
	合计	100.0
您认为老年人的照料主要由谁来承担	政府	10.1
	社区	0.7
	子女	57.0
	老人自己或配偶	17.3
	政府/子女/老人共同承担	14.9
	合计	100.0

资料来源：2018年中国老年社会追踪调查，N=1533。

养老需要必要的经济支持，因为西部地区农村留守老人大多在家务农或者是享受退休津贴，其收入具有明显的不稳定性。所以，面临收入风险，他们的基本收入难以维持家庭的基本生活和养老。农村留守老人依旧从事有收入的工作的只占24.3%，他们中41.5%的收入来源是自己的离/退休金/养老金，32.2%的收入来源是子女的资助（见表4-22），收入风险的存在并没有给农村留守老人很大的影响。需要强调的是收入的不确定性和收入的损失。这里的损失是相对于预期收入而言的，如果实际收入低于预期收入，那么就被称为"损失"[①]。作为西部地区农村留守老人，75.7%的老年人没有从事有收入的工作，同时有很大一部分老年人的收入来源主要是子女的资助，虽然还有农作物等其他收入，但是具有不确定性。所以不能满足农村留守老人个人的基本生活和养老需求。

---

① 同春芬、栾丽：《我国农（渔）民健康风险文献研究综述》，《山东农业大学学报》（社会科学版）2015年第2期。

表 4-22　　　　　西部地区农村留守老人经济分析　　　　　单位：%

	分项	百分比
目前是否从事有收入的工作/活动	是	24.3
	否	75.7
	合计	100.0
最主要的两项生活来源	自己的离/退休金/养老金	41.5
	子女的资助	32.2
	其他	26.3
	合计	100.0

资料来源：2018 年中国老年社会追踪调查，N=1533。

通过调查数据（见表 4-23）可以看出有 85.2% 的农村留守老人没有养老规划，另外对养老院情况不了解的农村留守老人占 52.3%，选择在自己家养老的为 67.1%。对于贫困地区的农村留守老人，他们的支付能力有限，以医疗开支为例，作为贫困地区农村留守老人最大的支出，会使得他们陷入贫困的境地。[1] 贫困地区留守老人自然面临着很大的养老风险，养老风险属于老年风险中的一个，对于养老的影响最为明显。

表 4-23　　　　　西部地区农村留守老人养老状况分析　　　　　单位：%

	分项	比例
是否做养老规划和安排	是	14.8
	否	85.2
	合计	100.0
今后打算主要在哪里养老	自己家	67.1
	子女家	29.3
	社区的日托站或托老所	0.1
	养老院	2.1
	其他	1.4
	合计	100.0

[1] 王武林：《风险视角下贫困地区老年妇女宗教信仰的影响因素》，《宁夏社会科学》2016 年第 6 期。

续表

	分项	比例
养老院的了解情况	了解	17.9
	有些了解	29.8
	不了解	52.3
	合计	100.0
什么情况下会去养老院	身体不好，需要有人照料	12.6
	孤独寂寞，需要有人陪伴	1.1
	出现家庭矛盾	1.0
	为了换个居住环境	0.8
	无论如何都不会去	78.0
	其他	6.5
	合计	100.0
是否享受当地老人优待	是	19.2
	否	80.8
	合计	100.0

资料来源：2018年中国老年社会追踪调查，N=1533。

四 老年风险对社会的影响

认识到健康风险的存在，及时采取应对措施，有利于促进我国农村医疗保障制度的建立完善，对于促进农村地区的经济发展，提高农民生活质量都具有重要的意义，同时也有利于加快我国构建和谐社会的步伐。西部地区农村留守老人的健康风险将对老年人自己、家庭和国家造成一定的影响。一旦农村留守老人的身体健康出现了问题，农村留守老人的基本生活无法自给自足，他们就需要政府给予辅助性的资金支持，同时治疗费用也需要国家部分报销甚至全部报销，这就使得国家增加许多医疗和福利支出。

产出性老龄化是国际上应对人口老龄化的重要举措，它强调老年人仍有"生产率"，对经济社会的发展仍然可以做出贡献。[1] 数据显

---

[1] 汪必旺：《农户经济风险与政策性农业保险分析》，中国农业科学院，2011年。

示，西部地区农村留守老人，不需要别人在生活起居上提供帮助的占92%。所以多采取自我照料的模式，但是他们采取自我照料是一种被动的选择，存在着理论和现实的双重风险。第一，在理论上存在潜在的照料风险。因为照料主体是西部地区农村留守老人，受身体健康和家庭结构的影响，自主照料能力逐渐下降。同时，在失去配偶或者子女定居外地的情况下，老人可能会陷入困境，这使得高龄化的西部贫困农村留守老人的照料变成值得关注的问题。第二，在现实中，农村留守老人因承担过多农活导致突发疾病且不能及时就医的情况很多。[①] 照料风险的出现，使得社会制度需要向这些弱势群体偏移，更多的财政支出要花费在西部地区农村留守老人的身上，财政支出压力大，无法保障各方利益的均衡。

面临收入风险，必然会对社会发展产生影响。所以当西部地区农村留守老人出现了收入风险，即西部地区农村留守老人面临收入风险时，他们会选择通过其他的途径或者方法去获取必要的经济收入，以保证基本的生活需求。另外，由于农村留守老人担心收入风险的出现，甚至失去基本的经济收入，所以西部地区农村留守老人会减少不必要的支出，减少消费，在某种程度上降低了生活水平，无法改善当前的生活质量。

养老风险对当前社会的发展而言，是必然要面对的风险。随着社会的发展，我国已经出现了明显的人口结构失衡和劳动年龄人口减少。虽然已经立即采取应对措施，实施了三孩政策，但是自20世纪70年代以来一直在提倡计划生育、晚婚晚育。所以根据第七次人口普查的数据判断，我国60岁及以上的老年人口占总人口的比例达18.7%，人口类型属于深度老龄化类型，年轻人口相对缩小，中年以上人口比重增大。这样的人口年龄结构并不利于长远的经济发展，因为年轻的劳动力供应不上来，经济发展终将乏力。而且，在微观层面上，少子老龄化容易演变成独子老龄化和无子老龄化。其次是社会保

---

① 陈芳、方长春：《从"家庭照料"到"生活自理"——欠发达地区农村老年照料问题研究》，《山西师大学报》（社会科学版）2013年第4期。

障负担加重，一方面是养老金负担的加重，出现人口结构失调导致养老金缺口的不断扩大；另一方面是医疗负担的加重，2018年我国卫生健康事业发展统计公报的数据显示我国居民人均预期寿命已经达到77岁，相比2000年提高了5.6岁。这一方面说明我国医疗卫生技术的提高以及人民生活水平的改善，另一方面也预示着更大的养老负担和养老风险。

婚姻风险对老年人来说是不可避免的。因为西部地区农村留守老人的年龄基本都在60岁以上，夫妻中的任意一方都可能先离开人世。婚姻风险会打破老年人相对平和的生活方式，也会使得农村留守老人的生活或者精神方面受到打击，从而无心去积极参与社会公共活动。

因为家庭观念和家庭结构的变化，所以家庭的冲突和矛盾会不断涌现，从而使得西部地区农村留守老人面临家庭风险。家庭风险对社会的影响最明显的是和谐的社会现状被打破。由于西部地区农村留守老人与家庭成员观念不一致，甚至使得家庭成员都无法进行基本的交流，这样就会出现独居老人无人照顾的现象，这样会加重社会养老的负担，增加政府财政支出，不利于和谐家庭的构建。

第五章

西部地区农村留守老人社会支持状况

社会支持是各种社会主体对个人或群体所提供的无偿的物质、照料以及情感支持。按照社会支持的主体不同,可以将农村留守老人的社会支持分为正式社会支持与非正式社会支持两个方面。其中正式社会支持包括政府支持和农村社区支持。政府支持指政府通过一系列的政策和制度的制定与实施,为农村留守老人的生活提供保障;农村社区支持指农村社区中的村委会等基层组织对留守老人的帮扶和支持。非正式支持包括家庭支持和朋友邻里支持。其中家庭支持指以血缘关系为纽带,子女或其他亲属对留守老人的经济、照料、情感支持;朋友邻里支持指以地缘关系为纽带,朋友或邻里之间的互帮互助。

第一节 农村留守老人正式社会支持状况

一 政府支持

政府支持方面,最直接的体现是政府的社会保险、社会救助、社会福利政策。

社会保险方面,享有社会保险的农村留守老人比例为85.9%。在社会保险的类别中,农村社会养老保险的比例最多,达48.9%,其次是城镇职工基本养老金,占比为14.3%,机关事业单位离退休金,占比为12.1%,城镇居民社会养老保险,占比为8.0%,城乡无社会保障老年居民养老金,占比为4.6%(见表5-1)。可见,农村留守老人的社会保险以农村社会养老保险为主,享受其他社会保险的比例较少。

表 5-1　社会保险覆盖率、发放额中位数及占人均支出比例中位数

单位：元/月，%

社会保险种类	覆盖率	发放额中位数	发放额占人均月支出中位数的比例
农村社会养老保险	48.9	60	4.0
城镇职工基本养老金	14.3	2000	133.3
机关事业单位离退休金	12.1	3000	200.0
城镇居民社会养老保险	8.0	1000	66.7
城乡无社会保障老年居民养老金	4.6	80	5.3

资料来源：2018 年中国老年社会追踪调查，N=1533。

不同的养老保险发放额差距非常大，农村留守老人主要享受的农村社会养老保险发放额的中位数是每月 60 元，只占农村留守老人人均月支出中位数的 4%，远不能满足农村留守老人基本生活支出需求。而城镇职工基本养老金、机关事业单位离退休金发放额的中位数分别为 2000 元和 3000 元，均高于人均月支出的中位数。城镇职工基本养老金和机关事业单位离退休金的保障水平较高，但多数农村留守老人一生都以务农为主业，未从事过正式的工作，被适用于城镇就业的养老保险制度排除在外。城镇居民社会养老保险发放额的中位数是 1000 元，占人均月支出中位数的 66.7%。由于长期受城乡二元结构的影响，我国农村和城镇养老保险待遇水平差别很大，城镇的养老保险待遇远好于农村。而针对未参加过社会保险老年人的城乡无社会保障老年居民养老金发放额的中位数是 80 元，仅占人均月支出中位数的 5.3%（见表 5-1）。整体来看，农村留守老人社会保险的保障水平不高，难以保障留守老人的基本生活。

在享受社会保险的种类上，有 14.1% 的留守老人未享受任何社会保险待遇，有 84.2% 的留守老人享有一种社会保险，有 1.6% 的同时具有享有两种社会保险，有 1.0% 的留守老人同时享有三种及以上社会保险。可见，多数留守老人只享有一种社会保险。

社会救助方面，农村留守老人享受社会救助的比例为 16.7%。其中，享受最低生活保障金或贫困救助金的比例为 10.0%，享受政府其他救助的比例为 7.4%（见表 5-2）。社会救助是保障居民生活的最后一道防线，是解决贫困问题的重要手段。因此，社会救助主要是针对农村低收入老年人的社会保障制度。

表 5-2　社会救助覆盖率、发放额中位数及占人均支出比例中位数

单位：元/月，%

社会救助种类	覆盖率	发放额中位数	发放额占人均支出的比例中位数
最低生活保障金或贫困救助金	10.0	100	6.7
政府其他救助	7.4	75	5.0

资料来源：2018年中国老年社会追踪调查，N=1533。

从发放金额来看，最低生活保障金或贫困救助金发放中位数为每月100元，占人均支出的比例中位数为6.7%。政府其他救助发放中位数为每月75元，占人均支出的比例中位数为5.0%（见表5-2）。社会救助的目的是保障困难老人的基本生存需要，但目前社会救助发放水平整体较低，难以达到其保障目的。

在享受社会救助的种类上，有0.7%的留守老人同时享受两种社会救助，有16.0%的留守老人享有一种社会救助，有87.4%的留守老人未享有任何社会救助。可见，社会救助的方式较为单一，且以提供物质帮扶为主。

社会福利方面，农村留守老人享受社会福利的比例为24.8%。其中，享受老年优待的比例最高，为19.2%；享受高龄津贴的比例为8.5%，享受居家养老服务补贴的比例为0.9%；享受农村计划生育家庭奖励扶助金的比例为0.4%（见表5-3）。可见，老年福利类型相对较多，但整体覆盖率不高。

在发放额上，高龄津贴的发放额为每月50元，发放额占人均支出的比例中位数为3.3%。居家养老服务补贴的发放额为每月40元，发放额占人均支出的比例中位数为2.7%。农村计划生育家庭奖励扶助金的发放额为每月95元，发放额占人均支出的比例中位数为6.3%（见表5-3）。老年优待主要是指免费乘坐公交车、游览公园等老年福利政策，因此无法用发放金额来衡量。可见，农村留守老人的福利水平偏低，对提高老年人生活质量的作用甚微。

表 5-3 社会福利覆盖率、发放额中位数及占人均支出比例中位数

单位：元/月，%

社会福利种类	覆盖率	发放额中位数	发放额占人均支出的比例中位数
高龄津贴	8.5	50	3.3
居家养老服务补贴（服务券）	0.9	40	2.7
农村计划生育家庭奖励扶助金	0.4	95	6.3
老年优待	19.2	—	—

资料来源：2018年中国老年社会追踪调查，N=1533。

在享受社会福利的种类上，有0.2%的留守老人同时享受三种社会福利，有3.7%的留守老人享有两种社会福利，有20.9%的享受一种社会福利，有75.2%的未享有任何社会福利。

政府的社会福利政策能够提高农村留守老人的生活质量，但一些福利政策的享受需要条件，比如高龄津贴是针对80岁及以上的老年人提供的养老津贴，因此，虽然社会福利种类较多，但多数留守老人能够享受到社会福利的种类有限。

二 社区支持

农村社区支持方面，主要是指农村社区医疗服务、农村社区老年服务和农村社区活动场所和设施。

农村社区医疗服务方面，使用过农村社区医疗服务的农村留守老人比例仅为5.9%。社区医疗服务主要包括上门护理、上门看病和康复治疗等。农村留守老人需要社区提供上门护理、上门看病、康复治疗的比例分别为19.1%、24.4%和19.0%，而使用过这些社区医疗服务的老年人比例较低，分别为1.4%、4.8%和1.2%（见图5-1）。可见，农村社区医疗机构覆盖率不高，医疗服务水平也普遍较低。

在享受社区医疗服务的种类上，有0.4%的留守老人同时使用过三种社区医疗服务，有0.5%的留守老人使用过两种社区医疗服务，有4.9%的留守老人使用过一种社区医疗服务，有94.2%的未使用过任何社区医疗服务。农村社区医疗服务基本能够满足留守老人的基本医疗需

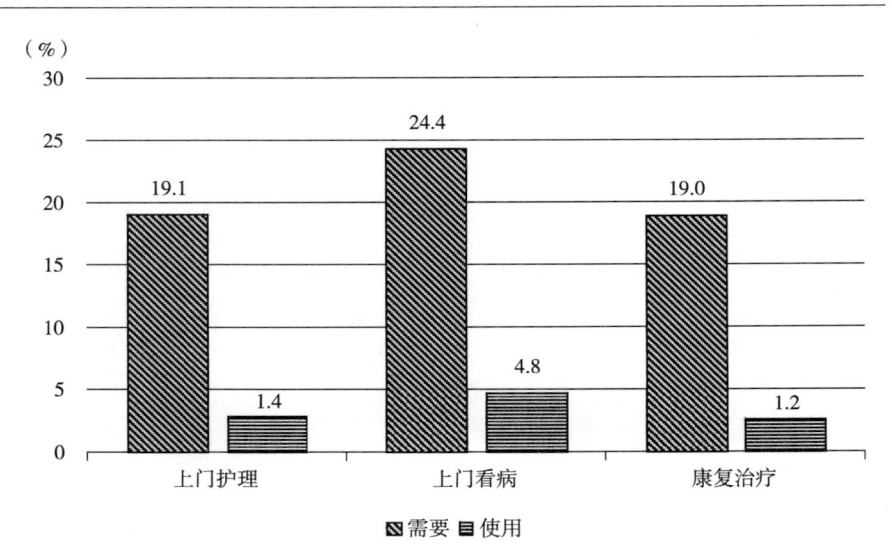

图 5-1　不同种类的社区医疗服务需求和使用比例

资料来源：2018年中国老年社会追踪调查。

求，为留守老人及时就医提供方便。但目前农村社区医疗服务很不完善，有些老年人甚至不清楚社区医疗服务的具体项目，也从未使用过。

农村社区老年服务方面，使用过社区老年服务的农村留守老人比例仅为9.8%。在具体的老年服务项目使用上，上门探访为2.9%，老年人服务热线为0.8%，陪同看病为0.8%，帮助日常购物为0.8%，法律援助为0.6%，上门做家务为1.5%，而老年饭桌或送饭、日托所或托老所、心理咨询服务均低于0.5%。而在农村留守老人最希望得到的社区老年服务中，陪同看病比例最高，为5.3%，其次是上门做家务、上门探访、老年饭桌或送饭和老年人服务热线，分别为3.4%、3.1%、1.5%和1.3%，对其他老年服务的需求均不足1.0%（见图5-2）。可见，农村社区养老服务使用率和需求率之间存在较大差异，需要加强农村社区养老服务建设。

在享受社区养老服务的种类上，有0.3%的留守老人使用过三种社区养老服务，有0.9%的留守老人使用过两种社区养老服务，有4.7%的使用过一种社区养老服务，有94.1%的未使用过任何社区养老服务。农村社区老年服务使用率低的原因主要是农村社区老年服务普及率不高，许多农村社区的老年服务严重缺乏。

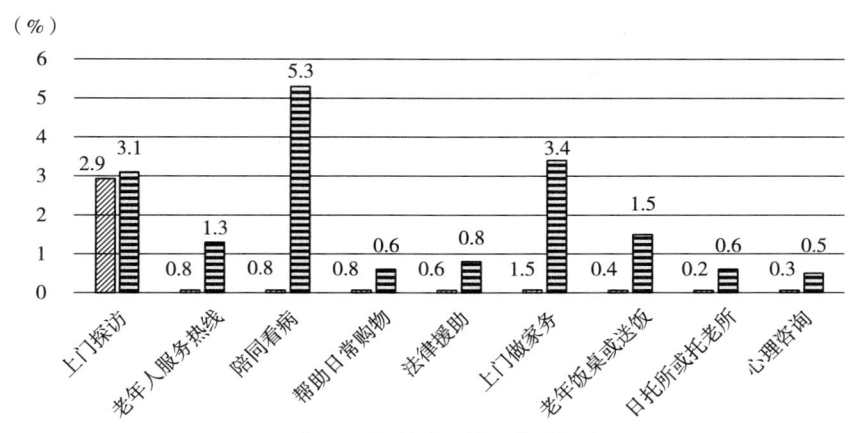

图 5-2 不同种类社区老年服务需求和使用比例

资料来源：2018 年中国老年社会追踪调查。

农村社区活动场所和设施方面，享有社区活动场所和设施提供的农村留守老人比例为 44.6%。在具体的项目上，室外活动场地为 28.4%，棋牌室为 24.2%，老年活动室为 21.9%，图书室为 10.4%，健身室为 9.3%，其他场所或设施为 2.5%（见图 5-3）。社区活动场所和设施覆盖率未达到一半，但项目种类较多，为留守老人提供锻炼身体的设施和人际交往的场所，能够丰富其体育文化生活。

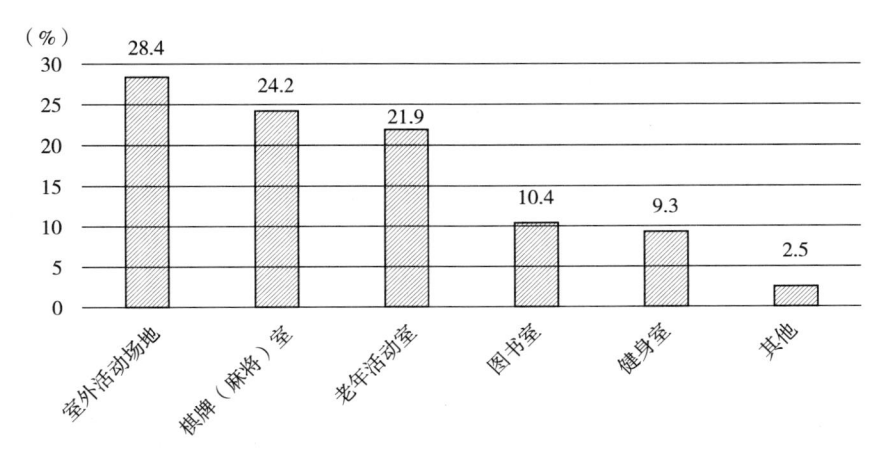

图 5-3 不同种类社区活动场所或设施拥有比例

资料来源：2018 年中国老年社会追踪调查。

在享受社区活动场所和设施的种类上，有6.7%的留守老人社区具有四种及以上社区活动场所或设施，有42.6%的留守老人社区具有三种及以下社区活动场所或设施。

第二节 农村留守老人非正式社会支持状况

一 家庭支持

家庭支持方面，主要有家庭经济支持、家庭照料支持和家庭情感支持。

在家庭经济支持方面，主要是指留守老人获得来自子女、配偶、其他家人的经济支持。由于通过CLASS问卷数据无法计算得出家庭经济支持的具体金额，而且调查显示近一半的农村留守老人主要经济来源于子女，因此本书将子女经济支持作为家庭经济支持。分析结果发现，享有家庭经济支持的农村留守老人比例为78.1%，这说明家庭经济支持仍然是留守老人最主要的生活来源。但在家庭经济支持的金额上有较大的差距，21.9%的农村留守老人没有家庭经济支持，43.0%的留守老人获得的家庭经济支持在1000元以下，35.1%的留守老人获得的家庭经济支持在1000元及以上（见表5-4）。

表5-4　　　　　农村留守老人家庭经济支持状况　　　　　单位：人，%

家庭经济支持	人数	百分比
无	327	21.9
1—999元	641	43.0
1000元及以上	522	35.1

资料来源：2018年中国老年社会追踪调查。其中缺失值为66人。

在家庭照料支持方面，享有家人照料支持的比例仅为7.5%（见表5-5）。而在农村留守老人的主要照料者中，有94.0%的农村留守老人照料支持来源于家庭。

表 5-5 　　　　　农村留守老人家庭照料支持状况　　　　　　单位：人，%

家庭照料支持	人数	百分比
有	116	7.5
无	1433	92.5

资料来源：2018 年中国老年社会追踪调查。

可以看出，无论是第一位人选、第二位人选还是第三位人选，家庭成员都是农村留守老人最主要的照料者。而且有 54.3% 的留守老人第一位主要照料者是子女（见表 5-6），这说明留守老人的子女是农村留守老人照料支持的主要承担者。在调查 "您认为老年人的照料主要应该由谁承担" 时，57.0% 的留守老人认为由子女承担，17.3% 的留守老人认为主要应该由自己或配偶承担，14.9% 的留守老人认为应该由政府、子女和老人共同承担，10.2% 的留守老人认为应该由政府承担，0.7% 的留守老人认为应该由社区承担。这说明在农村留守老人观念中，子女是照料支持的主要承担者。

表 5-6 　　　　　　农村留守老人的主要照料者　　　　　　　　单位：%

主要照料者	第一位	第二位	第三位
子女	54.3	91.0	86.0
配偶	37.1	3.8	2.3
其他亲属	2.6	1.3	4.7
朋友邻里	—	1.3	7.0
其他人	6.0	2.6	—

资料来源：2018 年中国老年社会追踪调查。

在家庭情感支持方面，以老年人可交往亲戚和朋友的项目得分作为家庭情感支持指标，分别询问老年人一个月内可见面的、可放心谈私事以及需要时可以提供帮助的家人、亲戚的人数等级，回答分为 6 级，分别为没有、1 个、2 个、3—4 个、5—8 个、9 个及以上，并赋值 0、1、2、3、5、9，各维度总分为 0—27 分，得分越高，表示支持水平越高。农村留守老人家庭情感支持得分在 0—9 分的为 59.5%，得分在 10—18 分的为 30.9%，得分在 19—27 分的为 9.6%（见表 5-

7），说明四成留守老人获得家庭情感支持的整体状况较好。

表 5-7 　　　　　农村留守老人家庭情感支持状况　　　　单位：人，%

家庭情感支持	人数	百分比
0—9 分	904	59.5
10—18 分	469	30.9
19—27 分	146	9.6

资料来源：2018 年中国老年社会追踪调查。其中缺失值为 38 人。

二 朋友邻里支持

在朋友邻里支持方面，主要体现在情感支持方面。以老年人可交往朋友的项目得分作为朋友邻里情感支持指标，分别询问老年人一个月内可见面的、可放心谈私事以及需要时可以提供帮助的朋友人数等级，回答分为 6 级，分别为没有、1 个、2 个、3—4 个、5—8 个、9 个及以上，并赋值 0、1、2、3、5、9，各维度总分为 0—27 分，得分越高，表示支持水平越高。农村留守老人朋友邻里情感支持得分在 0—9 分的为 68.2%，得分在 10—18 分的为 21.9%，得分在 19—27 分的为 9.9%（见表 5-8），近七成的农村留守老人获得朋友邻里情感支持的水平较低。

表 5-8 　　　　农村留守老人朋友邻里情感支持状况　　　　单位：人，%

朋友邻里情感支持	人数	百分比
0—9 分	1029	68.2
10—18 分	330	21.9
19—27 分	149	9.9

资料来源：2018 年中国老年社会追踪调查。其中缺失值为 49 人。

从以上分析可以发现：

第一，在正式社会支持方面，政府支持中覆盖率最好的是社会保险，但社会保险的支持水平不高，不能满足留守老人的基本生活需要；社会救助作为留守老人的生存保障，保障水平也较低；社会福利覆盖率和支持水平都有待提高。在农村社区支持方面，农村社区支严重不足。其中农村社区医疗服务、老年服务严重缺乏，都未发挥出应有的效果；而社区活动场所和设施普及率相对较高，但建设项目较为单一，难以满足留守老人的活动需求。留守老人收入水平低，缺少子女的支持和陪伴，面临着较大的养老风险，社会基本公共品或服务供给不足。

第二，在非正式社会支持方面，家庭支持仍然是留守老人最重要的社会支持来源。农村留守老人对家庭支持的依赖度过高，多数留守老人的经济支持、照料支持和精神支持主要来自家庭成员。随着社会经济的发展，传统的家庭养老方式受到冲击，农村留守老人家庭支持的作用削弱，面临养老风险增大。而朋友邻里这种因地缘关系产生的社会支持，主要的表现方式是邻里朋友间的交流、互助，具有就近、救急的优点，扩大邻里朋友的支持可以提高农村留守老人非正式支持水平。

第六章

西部地区农村留守老人社会关爱服务状况

第一节 健康关爱服务状况

西部地区农村留守老人患慢性疾病的比例比东部和中部地区高。慢性疾病是指不构成传染、具有长期积累形成疾病形态损害的疾病的总称，影响劳动能力和生活质量，且医疗费用昂贵，增加社会和家庭的经济负担。西部地区农村留守老人患慢性疾病的比例是81.7%，比东部地区（72.8%）高8.9个百分点，比中部地区（73.8%）高7.9个百分点（见表6-1）。慢性疾病的发生和地区的生活环境与老年人的生活方式和生活质量相关，西部地区经济发展水平、公共设施条件、医疗卫生条件均比东部和中部地区差，所以留守老人患慢性疾病的比例高于东中部地区。

表6-1　西部地区农村留守老人患慢性疾病情况　　单位：人，%

地区	比例
东部地区（N=3333）	72.8
中部地区（N=1671）	73.8
西部地区（N=1538）	81.7

资料来源：2018年中国老年社会追踪调查。

西部地区农村留守老人患慢性疾病的比例和种类多于东部和中部地区老年人。留守老人常见的慢性疾病类型主要有18类，西部地区农村留守老年人患脑血管病（含中风）、肾脏疾病、肝脏疾病、结核病、类风湿、颈/腰椎病、关节炎、生殖系统疾病、前列腺疾病、泌尿系统疾病、青光眼/白内障、骨质疏松、慢性支气管炎/其他呼吸道疾病、胃肠炎或其他消化系统疾病和耳聋15项慢性疾病的比例均高于东中部地区留守老人。东中部地区留守老人患高血压、心脏病/冠心病和糖尿病的比例高于西部地区留守老人（见表6-2）。高血压、心脏病/冠心病和糖尿病的病因多与老年人的身体状况、膳食结构和生活习惯等有关系，东中部地区经济发达程度高于西部地区，老年人饮食摄入高蛋白和高热量，易发高血压、心脏病/冠心病和糖尿病。[①]

表6-2　　　　西部地区农村留守老人患慢性疾病类型　　　　单位：%

慢性疾病种类	东部地区（N=2462）	中部地区（N=1250）	西部地区（N=1278）
1. 高血压	48.1	42.2	40.6
2. 心脏病/冠心病	27.5	17.7	16.9
3. 糖尿病	16.1	8.9	8.1
4. 脑血管病（含中风）	11.4	9.8	12.3
5. 肾脏疾病	3.1	2.9	5.2
6. 肝脏疾病	2.2	1.7	3.1
7. 结核病	0.5	0.8	1.7
8. 类风湿	8.3	18.6	27.7
9. 颈/腰椎病	18.1	24.0	27.5
10. 关节炎	16.1	23.4	34.2
11. 生殖系统疾病	0.2	0.4	0.8
12. 前列腺疾病	3.6	1.9	5.0
13. 泌尿系统疾病	1.2	1.5	3.4
14. 青光眼/白内障	9.4	7.4	10.7
15. 骨质疏松	8.0	8.1	10.6
16. 慢性支气管炎/其他呼吸道疾病	7.3	7.7	13.1
17. 胃肠炎或其他消化系统疾病	8.1	10.4	17.5
18. 耳聋	7.4	8.1	11.1

资料来源：2018年中国老年社会追踪调查。

[①] 赵明月：《山东省城乡中老年人常见慢性病现状及其危险因素研究》，硕士学位论文，山东大学，2017年。

西部地区农村留守老人对社区医疗机构的医疗服务总体需求较高。西部地区老年人对社区医疗机构提供上门护理、上门看病和康复治疗的需求分别是19.1%、24.5%和20.0%，东部地区留守老人的需求分别是10.3%、12.4%和9.5%，中部地区留守老人的需求分别是22.6%、27.6%和20.9%（见表6-3）。在需要提供上门护理、上门看病和康复治疗方面，西部地区农村留守老人的需求高于东部地区农村留守老人。西部地区农村留守老人对社区医疗机构提供的医疗服务需求最高的是上门看病，其次是康复治疗，最后才是上门护理。留守老人在生病时，无子女陪伴去看医生，自身的身体状况可能不允许老年人去医院，这种情况下需要医生上门进行治疗。西部地区农村留守老人需要康复治疗和上门护理，老年人需要专业的康复和护理设备与治疗方式，又渴望就近获得医疗，因此对社区医疗及机构提供医疗服务的需求较高。

表6-3　西部地区农村留守老人需要社区医疗机构提供的服务　　单位：%

服务类型	东部地区 （N=3345）	中部地区 （N=1673）	西部地区 （N=1546）
上门护理	10.3	22.6	19.1
上门看病	12.4	27.6	24.5
康复治疗	9.5	20.9	20.0

资料来源：2018年中国老年社会追踪调查。

西部地区农村留守老人享受健康关爱服务水平普遍较低。调查数据显示，从上门护理状况来看，仅有1.4%的西部地区农村留守老人获得了上门护理服务，未获得的比例高达98.6%；从上门看病来看，仅有4.8%的西部地区农村留守老人获得上门看病服务，未获得的比例高达95.2%；从康复治疗来看，仅有1.2%的西部地区农村留守老人获得康复治疗服务，未获得的比例高达98.8%（见表6-4）。可见，西部地区农村留守老人患病率较高，医疗健康需求较大，获得上门护理、上门看病、康复治病等健康关爱服务供给水平低，健康关爱服务需求未能获得满足，亟须为西部地区农村留守老人提供更多的健康服务关爱。

表6-4　　　　　西部地区农村留守老人健康服务关爱状况　　　　单位：人，%

		地区			
		东部(N=3337)	中部(N=1671)	西部(N=1549)	全国(N=6557)
上门护理	是	1.6	1.6	1.4	1.6
	否	98.4	98.4	98.6	98.4
	合计	100.0	100.0	100.0	100.0
上门看病	是	2.7	4.4	4.8	3.6
	否	97.3	95.6	95.2	96.4
	合计	100.0	100.0	100.0	100.0
康复治疗	是	1.4	1.4	1.2	1.3
	否	98.6	98.6	98.8	98.7
	合计	100.0	100.0	100.0	100.0

资料来源：2018年中国老年社会追踪调查。

西部地区农村留守老人获得陪同看病服务者极少。调查数据显示，西部地区农村留守老人曾获得过陪同看病的比例仅占0.8%，比全国平均水平、东部地区和中部地区的比例均低（见表6-5）。整体上看，全国农村留守老人获得陪同看病服务者极少，所占比例仅有1.0%，而西部地区还不足1.0%。这说明西部地区农村留守老人获得的陪同看病服务较低。受西部地区农村经济发展水平相对较低、年轻人外出务工等影响，西部地区农村留守老人陪同看病的需求未能得到充分满足。

表6-5　　　　　西部地区农村留守老人使用过陪同看病情况　　　　单位：人，%

	地区			
	东部(N=3352)	中部(N=1678)	西部(N=1553)	全国(N=6583)
是	1.0	1.1	0.8	1.0
否	99.0	98.9	99.2	99.0
合计	100.0	100.0	100.0	100.0

资料来源：2018年中国老年社会追踪调查。

进一步分析发现，西部地区农村留守老人对陪同看病服务的需求意愿较高。对西部地区留守老人需要陪同看病服务的意愿分析发现,表示愿意购买陪同看病服务的留守老人比例为5.1%,比全国平均水平、东部地区和中部地区分别高0.5%、0.7%和0.8%(见表6-6)。与获得陪同看病的留守老人相比,西部地区农村留守老人表示愿意购买陪同看病服务的比例是获得陪同看病服务的6倍左右。可见,西部地区农村留守老人的陪同看病关爱服务供给不足,留守老人陪同看病需求未能获得满足。

表6-6　　西部地区农村留守老人购买陪同看病服务的意愿　　单位:人,%

	地区			
	东部 (N=3304)	中部 (N=1657)	西部 (N=1544)	全国 (N=6505)
是	4.4	4.3	5.1	4.6
否	95.6	95.7	94.9	95.4
合计	100.0	100.0	100.0	100.0

资料来源:2018年中国老年社会追踪调查。

因此,西部地区留守老人的健康关爱服务供给水平低,与全国平均水平相比,全国的留守老人的健康关爱服务供给比西部地区略高。可见,留守老人的健康关爱服务问题应引起关注。

第二节　精神关爱服务状况

西部地区农村留守老人的心情状况自评相对较差。调查数据显示,西部地区农村留守老人表示一周心情都不好的比例为9.8%,有时好的比例为27.8%,经常心情好的比例为62.4%;西部地区农村留守老人一周心情不好的比例比全国平均水平、东部地区和中部地区分别高1.4%、2.2%、0.9%(见表6-7)。可见,西部地区农村留守老人的心情状况较差。西部地区劳动力的流动比例大于东部地区,留守老人主要关爱群体缺失,时间和空间的距离使子女对留守老人的关心减少。并且在关爱老年人方面,东部地区较西部地区交通和通信更加便利,同时东部地区留守老人的业余活动较西部地区留守老人丰富,东部地区的关爱服务较西部地区完善,因此不孤单、心情好的留守老人比例较西部地区低。

表6-7　西部地区农村留守老人过去一周心情状况自评　　单位:人,%

心情很好吗	地区			
	东部 (N=2917)	中部 (N=1220)	西部 (N=1088)	全国 (N=5225)
没有	7.6	8.9	9.8	8.4
有时	25.5	31.2	27.8	27.3
经常	66.9	59.9	62.4	64.3
合计	100.0	100.0	100.0	100.0

资料来源:2018年中国老年社会追踪调查。

西部地区农村留守老人经常感到孤单的比例较高。调查数据显示,觉得没有孤独感的老人占66.7%,有时感到孤独的占23.6%,经常有孤独感的占9.7%;东部地区留守老人孤单的比例是8.4%,中部地区留守老人的比例是9.4%,西部留守老人经常觉得孤单的比例比东中部地区分别高1.3个百分点和0.3个百分点(见表6-8)。可见,西部地区农村留守老人孤单感较强。

表6-8　西部地区农村留守老人孤单感状况自评　　单位:人,%

是否感觉孤单	地区			
	东部 (N=2915)	中部 (N=1220)	西部 (N=1087)	全国 (N=5222)
没有	73.3	66.1	66.7	70.2
有时	18.3	24.5	23.6	20.8
经常	8.4	9.4	9.7	9.0
合计	100.0	100.0	100.0	100.0

资料来源:2018年中国老年社会追踪调查。

西部地区农村留守老人自评难过的比例较高。西部地区农村留守老人中有28.7%的老年人有时觉得难过,7.9%的老年人经常觉得难过,比东部地区分别高8个百分点和2.9个百分点,比中部地区分别高 1.6 个百分点和 1 个百分点（见表 6-9）。可见，西部地区农村留守老人难过自评的比例高于东中部地区的留守老人。

表 6-9　　　　西部地区农村留守老人难过状况自评　　　　单位：%

觉得难过吗	东部地区（N=2912）	中部地区（N=1218）	西部地区（N=1088）
不难过	72.7	65.4	62.8
有时难过	20.7	27.1	28.7
经常难过	5.0	6.9	7.9
无法回答	1.6	0.6	0.6
合计	100.0	100.0	100.0

资料来源：2018 年中国老年社会追踪调查。

西部地区农村留守老人自我负面评价较高。西部地区有近一半（48.2%）的农村留守老人认为自己不中用，比东部地区留守老人高 9.6 个百分点，其中经常认为自己不中用的留守老人的比例为 18.1%，比东部地区高 5.3 个百分点（见表 6-10）。可见，西部地区农村留守老人自我评价比东中部地区低。因此，西部地区农村留守老人的精神关爱服务供给亟须解决。

表 6-10　　　　西部地区农村留守老人自我价值自评状况　　　　单位：人，%

自己不中用了吗	地区			
	东部（N=2908）	中部（N=1219）	西部（N=1087）	全国（N=5214）
没有	61.4	50.5	51.8	56.9
有时	25.8	33.5	30.1	28.5
经常	12.8	16.0	18.1	14.6
合计	100.0	100.0	100.0	100.0

资料来源：2018 年中国老年社会追踪调查。

西部地区农村留守老人认为被人忽略和不被尊重的比例较高。西部地区农村有 21.4% 的留守老人认为被别人忽略，分别比东部地区和西部地区高 6.3% 和 2.4%；其中，认为经常被忽略的留守老人比例为

4.8%，比东部地区和中部地区分别高1.6%和1.5%（见表6-11）。可见，西部地区农村留守老人被人忽略和不被尊重者较多。

表6-11　　　　西部地区农村留守老人被别人忽略状况自评　　　　单位：%

觉得被别人忽略	东部地区（N=2915）	中部地区（N=1220）	西部地区（N=1088）
没有	82.2	79.1	76.7
有时	11.9	15.7	16.6
经常	3.2	3.3	4.8
无法回答	2.7	1.9	1.9
合计	100.0	100.0	100.0

资料来源：2018年中国老年社会追踪调查。

西部地区农村留守老人日常生活单调、枯燥。西部地区农村留守老人认为无事可做的比例为37.8%，其中经常认为无事可做的比例为13.0%，比东部地区高2.2%，比中部地区高2.4%（见表6-12）。可见，与东中部地区相比，西部地区农村留守老人的日常生活相对比较枯燥、单调，同时，一定程度上也反映西部地区农村留守老人日常精神文化生活缺乏。

表6-12　　　　西部地区农村留守老人没事可做状况自评　　　　单位：%

没事可做	东部地区（N=2911）	中部地区（N=1218）	西部地区（N=1086）
没有	67.0	60.0	61.3
有时	20.2	28.5	24.8
经常	10.8	10.6	13.0
无法回答	2.0	0.9	0.9
合计	100.0	100.0	100.0

资料来源：2018年中国老年社会追踪调查。

西部地区农村留守老人日常生活自评满意度较低。西部地区农村留守老人过日子自评不好和有时好的比例分别为10.8%和32.4%，比东部地区的留守老人分别高1个百分点和4.7个百分点；西部地区农村留守老人过日子自评为经常好的比例为54.4%，比东部地区和中部地区分别低5.5个百分点和3.3个百分点（见表6-13）。可见，西部地区农村留守老人过日子好的自评度较低。

表6-13　　　　　西部地区农村留守老人过日子状况自评　　　　　单位:%

自评	东部地区（N=2907）	中部地区（N=1218）	西部地区（N=1088）
不好	9.8	12.5	10.8
有时好	27.7	29.1	32.4
经常好	59.9	57.7	54.4
无法回答	2.6	0.7	2.4
合计	100.0	100.0	100.0

资料来源：2018年中国老年社会追踪调查。

西部地区农村留守老人日常生活乐趣感自评较低。西部地区农村留守老人认为日常生活没有乐趣的比例为32.3%，认为有时有乐趣的比例为34.7%，认为经常觉得有乐趣的比例为33.0%；总体上看，西部地区农村留守老人认为日常生活无乐趣的分别比东部和中部高13.3%和10.4%，而认为日常生活经常有乐趣的比例均低于东中部地区的留守老人（见表6-14）。可见，西部地区农村留守老人的日常生活比较单调，缺乏乐趣。

表6-14　　　　西部地区农村留守老人感知生活乐趣情况　　　　单位：人,%

生活是否有乐趣	地区			
	东部（N=2908）	中部（N=1218）	西部（N=1088）	全国（N=5214）
没有	19.0	21.9	32.3	22.5
有时	36.0	41.5	34.7	37.0
经常	45.0	36.6	33.0	40.5
合计	100.0	100.0	100.0	100.0

资料来源：2018年中国老年社会追踪调查。

西部地区农村留守老人无人陪伴的情况较严重。西部地区农村留守老人表示有时无人陪伴的比例为20.0%，比东部地区和中部地区分别高5.9%和1.4%；西部地区农村留守老人经常无人陪伴的比例为9.0%，比东部地区高1.6%（见表6-15）。可见，西部地区农村留守老人日常生活中无人陪伴的现象较为严重。由于经济社会的发展，农村留守老人的年轻子女多外出打工，老年人常年无人陪伴。全国近3/4的老年人表示周边无人陪伴，是导致的老年人心里孤独的主要原因之一，西部地区农村留守老人精神关爱服务供给应引起重视。

表6-15　　　　西部地区农村留守老人周边人陪伴情况　　　　单位：人，%

是否有人陪伴	地区			
	东部(N=2910)	中部(N=1218)	西部(N=1088)	全国(N=5216)
没有	78.5	72.0	71.0	75.4
有时	14.1	18.6	20.0	16.4
经常	7.4	9.4	9.0	8.2
合计	100.0	100.0	100.0	100.0

资料来源：2018年中国老年社会追踪调查。

西部地区农村留守老人学习意愿比较强烈。调查数据显示，西部地区农村留守老人喜欢学习的比例为41.1%，一般的比例为17.6%，明确表示不喜欢学习的比例为41.3%（见表6-16）。可见，喜欢学习的老年人占调查人数的2/5，比全国水平和东部地区还要高。

表6-16　　　　西部地区农村留守老人学习意愿情况　　　　单位：人，%

现在喜欢学习	地区			
	东部(N=2906)	中部(N=1220)	西部(N=1086)	全国(N=5212)
完全不符合	16.6	18.4	20.1	17.7
比较不符合	18.7	26.4	21.2	21.0
一般	19.0	23.4	17.6	19.7
比较符合	26.4	17.7	20.8	23.2
完全符合	19.3	14.1	20.3	18.4
合计	100.0	100.0	100.0	100.0

资料来源：2018年中国老年社会追踪调查。

西部地区农村留守老人获取新信息的意愿较强。调查数据显示，西部地区农村留守老人表示善于获取新信息的比例为50.6%，一般的老年人比例为14.4%，不善于获取新信息的老年人比例为30.0%（见表6-17）。其中，西部地区农村留守老人表示善于获得新信息的老年人占西部调查人数的1/2,可见,西部地区农村留守老人还是有较高认知能力的,相关部门可以通过提供相应的服务以提高西部地区农村留守老人的认知水平,满足西部地区农村留守老人的学习需求。

表6-17　　　　西部地区农村留守老人获取新信息的状况　　　　单位:人,%

	地区			
	东部 (N=2900)	中部 (N=1219)	西部 (N=1085)	全国 (N=5204)
完全不符合	10.8	11.6	11.0	11.0
比较不符合	16.9	26.0	19.0	19.4
一般	17.0	22.7	14.4	18.9
比较符合	30.2	28.5	26.5	28.4
完全符合	25.1	11.2	24.1	22.3
合计	100.0	100.0	100.0	100.0

资料来源:2018年中国老年社会追踪调查。

西部地区农村留守老人使用心理咨询和老年服务热线帮助的很少。调查数据显示,从使用心理咨询服务的情况来看,西部地区农村留守老人使用心理咨询服务的比例仅为0.3%,没有使用的比例高达99.7%;从使用老年服务热线的情况来看,使用过的比例只有0.8%,没有使用过的比例高达99.2%;西部地区农村留守老人使用老年服务热线的比例低于东部地区(见表6-18)。可见,西部地区农村留守老人使用心理咨询和老年服务热线者非常少,可能与西部农村地区信息化基础设施建设滞后和相关信息宣传不到位有关。

表6-18　　　　西部地区农村留守老人使用心理咨询服务和
　　　　　　　　老年服务热线的情况　　　　　　　　　　单位:人,%

		地区			
		东部 (N=3352)	中部 (N=1677)	西部 (N=1553)	全国 (N=6583)
心理咨询服务	是	0.3	0.1	0.3	0.2
	否	99.7	99.9	99.7	99.8
	合计	100.0	100.0	100.0	100.0

续表

		地区			
		东部 (N=3352)	中部 (N=1677)	西部 (N=1553)	全国 (N=6583)
老年服 务热线	是	1.9	0.4	0.8	1.2
	否	98.1	99.6	99.2	98.8
	合计	100.0	100.0	100.0	100.0

资料来源：2018年中国老年社会追踪调查。

西部地区农村留守老人购买心理咨询和老年热线服务的意愿较高。调查数据显示，从愿意花钱购买心理咨询服务的情况来看，西部地区农村留守老人表示愿意花钱购买的占2.3%，而使用心理咨询的比例仅有0.3%；从愿意花钱够买老年服务热线的情况来看，西部地区农村留守老人表示愿意花钱购买老年服务热线的占3.9%，而使用过老年服务热线的仅占0.8%（见表6-18、表6-19）。可见，西部地区农村留守老人愿意花钱购买该服务的老人比使用过该服务的老人多，这说明该服务不能满足西部地区农村留守老人的需求，亟须加大该服务供给的力度。

表6-19　　　西部地区农村留守老人购买心理咨询服务和
老年服务热线的意愿　　　　　　　　　单位：人，%

		地区			
		东部 (N=3302)	中部 (N=1653)	西部 (N=1545)	全国 (N=6500)
心理咨询	是	2.5	1.4	2.3	2.2
	否	97.5	98.6	97.7	97.8
	合计	100.0	100.0	100.0	100.0
老年服务 热线	是	4.2	2.8	3.9	3.8
	否	95.8	97.2	96.1	96.2
	合计	100.0	100.0	100.0	100.0

资料来源：2018年中国老年社会追踪调查。

第三节　权益关爱状况

调查数据显示，表示使用过法律援助西部地区农村留守老人的占0.6%，比东部地区、中部地区和全国平均水平均略高（见表6-20）。可见，西部地区农村留守老人使用法律援助的比例相对较高。

表6-20　　　西部地区农村留守老人使用法律援助情况　　　单位：人，%

	地区			
	东部 (N=3352)	中部 (N=1677)	西部 (N=1553)	全国 (N=6582)
是	0.4	0.4	0.6	0.4
否	99.6	99.6	99.4	99.6
合计	100.0	100.0	100.0	100.0

资料来源：2018年中国老年社会追踪调查。

西部地区农村留守老人花钱购买使用法律援助的意愿较强烈。调查数据显示，西部地区农村留守老人愿意花钱购买法律援助服务的占3.3%，比全国平均水平和中部地区比例高（见表6-21）。可见，西部地区农村留守老人对法律援助服务的需求比中部地区和全国平均水平更大。虽然农村留守老人使用法律援助的比例均较低，但西部地区农村留守老人使用法律援助的比例更高，这说明西部农村留守老人法律权益需求更大。

表6-21　　西部地区农村留守老人购买法律援助服务意愿情况　　单位：人，%

	地区			
	东部 (N=3300)	中部 (N=1656)	西部 (N=1495)	全国 (N=6501)
是	3.7	2.2	3.3	3.2
否	96.3	97.8	96.7	96.8
合计	100.0	100.0	100.0	100.0

资料来源：2018年中国老年社会追踪调查。

西部地区农村留守老人参加本地居民委员会选举的比例不高。调查数据显示，西部地区农村留守老人表示参加本地居民委员会选举的占46.7%，比东部地区留守老人低1.7%；同时，西部地区农村留守老人表示没有参加选举的比例为53.3%，比东部地区高（见表6-22）。没有参加本地居民委员会选举的比例高达一半多，这表明西部地区农村留守老人行使自身权利的意识不强。

表6-22　　　　西部地区农村留守老人参与选举的情况　　　单位：人，%

	地区			
	东部 （N=3350）	中部 （N=1681）	西部 （N=1558）	全国 （N=6587）
是	48.4	32.8	46.7	44.0
否	51.6	67.2	53.3	56.0
合计	100.0	100.0	100.0	100.0

资料来源：2018年中国老年社会追踪调查。

西部地区农村留守老人参加社会活动较少。调查数据显示，从参加社区治安巡逻来看，西部地区农村留守老人参加过的比例为0.6%，没有参加过的高达99.4%；从参与环境卫生保护来看，参与的比例为3.7%，没有参与的占96.3%；从参与过调解纠纷来看，参与过的比例为2.0%，没有参与过的高达98.0%；西部地区农村留守老人参与这三项社会活动的比例均低于东部地区和全国水平（见表6-23）。可见，西部地区农村留守老人参与社会活动的比例不高。

表6-23　　　西部地区农村留守老人参加社会活动的情况　　　单位：人，%

		地区			
		东部 （N=3349）	中部 （N=1683）	西部 （N=1555）	全国 （N=6587）
参加社区 治安巡逻	是	3.3	0.6	0.6	2.0
	否	96.7	99.4	99.4	98.0
	合计	100.0	100.0	100.0	100.0

续表

		地区			
		东部 (N=3349)	中部 (N=1683)	西部 (N=1555)	全国 (N=6587)
环境卫生保护	是	4.5	2.0	3.7	3.6
	否	95.5	98.0	96.3	96.4
	合计	100.0	100.0	100.0	100.0
调解纠纷	是	2.4	2.7	2.0	2.4
	否	97.6	97.3	98.0	97.6
	合计	100.0	100.0	100.0	100.0

资料来源：2018年中国老年社会追踪调查。

西部地区农村留守老人参加村居委会工作的意愿不强烈。调查数据显示，表示完全不愿意参加村居委会工作的占21.5%，比较不愿意的占17.8%，一般的占11.6%，比较愿意的占28.4%，完全愿意的占20.7%（见表6-24）。可见，西部地区农村留守老人愿意参加村居委会工作的积极性不高，表明西部地区农村留守老人不愿意参与社会活动的比重较高。

表6-24　西部地区农村留守老人参加村居委会工作意愿　单位：人,%

	地区			
	东部 (N=2910)	中部 (N=1219)	西部 (N=1087)	全国 (N=5216)
完全不符合	24.3	18.9	21.5	22.5
比较不符合	19.5	22.2	17.8	19.8
一般	13.8	16.9	11.6	13.6
比较符合	22.6	23.9	28.4	24.1
完全符合	19.8	18.1	20.7	20.0
合计	100.0	100.0	100.0	100.0

资料来源：2018年中国老年社会追踪调查。

西部地区农村留守老人为社会做些事情的意愿较低。调查数据显示，表示想为社会做事情的老年人仅占15.7%，比较想为社会做事情的老年人占27.8%，一般的老年人占18.1%，表示比较不想为社会做事情的老年人占19.2%，完全不想为社会做事情的占19.2%（见表6-25）。可见，西部地区农村留守老人不想为社会做事情的比例达38.4%，所占比重较高，这说明西部地区农村留守老人参与社会事务的积极性不够高。

表6-25　西部地区农村留守老人是否想为社会做事情的意愿　　单位：人，%

	地区			
	东部 (N=2906)	中部 (N=1219)	西部 (N=1086)	全国 (N=5211)
完全不符合	17.0	13.6	19.2	16.8
比较不符合	20.3	20.8	19.2	20.2
一般	19.1	25.1	18.1	20.3
比较符合	25.0	27.6	27.8	26.2
完全符合	18.6	12.9	15.7	16.5
合计	100.0	100.0	100.0	100.0

资料来源：2018年中国老年社会追踪调查。

第四节　日常生活关爱服务状况

西部地区农村留守老人社会关爱服务需求较大。从留守老人使用公共交通工具的能力来看，西部地区农村留守老人需要帮助的比例为21.2%，东部地区留守老人乘坐公共交通工具时候需要帮助的比例为16.7%，西部地区农村留守老人比东部地区需要帮助的比例高4.5%，同时，西部地区留守老人完全使用不了公共交通工具的比例分别比东中部地区高1.6%和2.4%（见表6-26）。可见，西部地区农村留守老人乘坐公共交通工具时更需要帮助。

表6-26　　　　　农村留守老人使用公共交通工具的能力　　　　　单位：%

程度	东部地区（N=3338）	中部地区（N=1678）	西部地区（N=1555）
不需要帮助	83.3	78.8	78.8
需要一些帮助	8.8	14.1	11.7
完全做不了	7.9	7.1	9.5
合计	100.0	100.0	100.0

资料来源：2018年中国老年社会追踪调查。

西部地区农村留守老人日常购物需要帮助的比例较高。从日常购物能力来看，西部地区农村留守老人日常购物需要帮助的比例为15.1%，均比东部地区和中部地区留守老人高1.3%；西部地区农村留守老人完全无法购物的比例为7.7%，比东部地区和中部地区分别高0.9%和1.9%（见表6-27）。可见，西部地区农村老人购物能力比东中部地区留守老人低，西部地区留守老人日常购物更需要帮助。

表6-27　　　　　　　农村留守老人购物的能力　　　　　　　单位：%

能力	东部地区（N=3352）	中部地区（N=1679）	西部地区（N=1554）
不需要帮助	86.2	86.3	84.9
需要一些帮助	7.0	7.9	7.4
完全做不了	6.8	5.8	7.7
合计	100.0	100.0	100.0

资料来源：2018年中国老年社会追踪调查。

西部地区农村留守老人日常生活行为能力不尽如人意，行为能力关爱服务需求较大。在日常生活中，留守老人因为年龄弱势，有些行为个人独自完成不了。西部地区农村留守老人五项日常生活行为能力，按不能做的比例由高到低排序依次是：不能提起10斤重的东西的比例为17.7%，不能做饭的比例为9.0%，不能做家务的比例为6.8%，不能上下楼梯的比例为4.3%，不能在外面行走的比例为2.2%；与东部地区和中部地区农村留守老人相比，五项日常生活行为能力不能做的比例相差不大（见表6-28）。总体而言，西部地区农村留守老人日常生活行为能力比较差，但与东中部地区农村留守老人差异不大。农村留守老人日常生活关爱服务需求比较大。

表6-28　农村留守老人日常生活行为能力　　　　　　　单位：%

行为能力	东部地区 (N=3348)	中部地区 (N=1679)	西部地区 (N=1553)
1. 不能上下楼梯	4.1	4.2	4.3
2. 不能在外面行走	2.8	1.8	2.2
3. 不能提起10斤重的东西	17.7	19.3	17.7
4. 不能做饭	8.2	5.7	9.0
5. 不能做家务	7.2	3.9	6.8

资料来源：2018年中国老年社会追踪调查。

西部地区农村留守老人获得的社会服务关爱水平较低。调查数据显示，西部地区农村留守老人表示有使用过老年饭桌或送餐的仅占0.4%，虽然高于东部地区、中部地区和全国平均水平，但总体使用率还是很低（见表6-29）。

表6-29　西部地区农村留守老人使用老年饭桌或送餐情况　　单位：人，%

	地区			
	东部 (N=3352)	中部 (N=1678)	西部 (N=1553)	全国 (N=6583)
是	0.1	0.2	0.4	0.7
否	99.9	99.8	99.6	99.3
合计	100.0	100.0	100.0	100.0

资料来源：2018年中国老年社会追踪调查。

而西部地区农村留守老人有意愿购买老年饭桌或送餐服务的比例却比较高。调查结果显示，西部地区农村留守老人表示愿意花钱购买老年饭桌或送餐服务的比例为4.1%，是使用此服务的留守老人的10倍；虽然西部地区农村留守老人购买意愿比东部地区和全国平均水平均低，但比中部地区高（见表6-30）。可见，西部地区农村留守老人对老年饭桌和送餐的服务需求较大，远远高于使用者的比例；同时也反映西部地区农村老年饭桌和送餐服务的供给不足。

表6-30　　西部地区农村留守老人购买老年饭桌或送餐的意愿　　单位：人，%

	地区			
	东部 (N=3302)	中部 (N=1654)	西部 (N=1544)	全国 (N=6500)
是	7.2	1.4	4.1	5.0
否	92.8	98.6	95.9	95.0
合计	100.0	100.0	100.0	100.0

资料来源：2018年中国老年社会追踪调查。

西部地区农村留守老人购买日托所或托老所的意愿相对较高。对是否会花钱来使用日托所或托老所的调查显示，西部地区农村留守老人表示愿意花钱购买日托所或托老所服务的比例占2.7%，高于中部地区，低于东部地区和全国平均水平（见表6-31）。可见，西部地区农村留守老人对日托所或托老所的服务需求相对较大。

表6-31　　西部地区农村留守老人购买日托所或托老所意愿　　单位：人，%

	地区			
	东部 (N=3301)	中部 (N=1653)	西部 (N=1544)	全国 (N=6498)
是	4.2	1.3	2.7	3.1
否	95.8	98.7	97.3	96.9
合计	100.0	100.0	100.0	100.0

资料来源：2018年中国老年社会追踪调查。

西部地区农村留守老人周边的活动场所或设施覆盖范围小。老年活动场所是满足留守老人社会参与和关爱服务的重要基础设施。调查数据显示，西部地区农村留守老人所在社区有老年活动室的仅占21.9%，有健身室的仅占9.3%，有棋牌室的占24.2%，有图书馆的仅占10.4%，有室外活动场所的占28.4%；西部地区农村留守老人所在社区的社会活动场所和设施配备虽高于中部地区，但均低于东部地区和全国平均水平（见表6-32）。可见，西部地区农村留守老人所生活的社区基本设施建设和配备情况较差，不利于留守老人开展相关涉老活动，也不利于留守老人精神文化生活需求的满足。

表 6-32　西部地区农村留守老人活动场所或者设施覆盖情况　　单位：人，%

		地区			
		东部 (N=3349)	中部 (N=1680)	西部 (N=1554)	全国 (N=6583)
老年活动室	是	42.2	16.1	21.9	30.7
	否	57.8	83.9	78.1	69.3
	合计	100.0	100.0	100.0	100.0
健身室	是	16.7	4.2	9.3	11.8
	否	83.3	95.8	90.7	88.2
	合计	100.0	100.0	100.0	100.0
棋牌室	是	26.6	20.1	24.2	24.4
	否	73.4	79.9	75.8	75.6
	合计	100.0	100.0	100.0	100.0
图书室	是	16.6	4.6	10.4	12.1
	否	83.4	95.4	89.6	87.9
	合计	100.0	100.0	100.0	100.0
室外活动场地	是	56.3	22.4	28.4	41.1
	否	43.7	77.6	71.6	58.9
	合计	100.0	100.0	100.0	100.0

资料来源：2018年中国老年社会追踪调查。

西部地区农村留守老人的日常生活关爱服务供给，从为老年人提供的上门探访、陪同看病、帮助日常购物和上门做家务几个方面做了调查，分析如下：

西部地区农村留守老人获得上门探访服务者较少。调查数据表明，西部地区农村留守老人表示有使用过上门探访的比例仅占2.9%，与中部地区基本持平，比东部地区和全国平均水平分别低2.7%和1.3%（见表6-33）。可见，西部地区农村留守老人获得过上门探访服务者较全国和东部地区少。

表6-33　　　西部地区农村留守老人使用过上门探访的情况　　　单位：人，%

	地区			
	东部 (N=3354)	中部 (N=1678)	西部 (N=1553)	全国 (N=6585)
是	5.6	2.8	2.9	4.2
否	94.4	97.2	97.1	95.8
合计	100.0	100.0	100.0	100.0

资料来源：2018年中国老年社会追踪调查。

进一步分析表明，西部地区农村留守老人购买上门探访的意愿较强。调查数据显示，西部地区农村留守老人愿意购买上门探访服务的比例为3.4%，比全国平均水平、东部地区和中部地区分别高0.4%、0.4%和1.0%（见表6-34）。可见，西部地区农村留守老人购买上门探访服务的意愿较强、需求较大。

表6-34　　　西部地区农村留守老人购买上门探访服务的意愿　　　单位：人，%

	地区			
	东部 (N=3306)	中部 (N=1657)	西部 (N=1543)	全国 (N=6506)
是	3.0	2.4	3.4	3.0
否	97.0	97.6	96.6	97.0
合计	100.0	100.0	100.0	100.0

资料来源：2018年中国老年社会追踪调查。

西部地区农村留守老人获得帮助日常购物服务者极少。调查数据表明，西部地区农村留守老人表示获得过帮助日常购物服务的比例仅占0.8%，比全国平均水平和东部地区分别高0.1%和0.3%，比中部地区低0.2%（见表6-35）。可见，西部地区农村留守老人获得帮助日常购物服务者极少，当然，此种情况全国甚至东部地区都极为普遍。

表 6-35　西部地区农村留守老人帮助日常购物使用情况　　单位：人，%

	地区			
	东部 (N=3352)	中部 (N=1678)	西部 (N=1553)	全国 (N=6583)
是	0.5	1.0	0.8	0.7
否	99.5	99.0	99.2	99.3
合计	100.0	100.0	100.0	100.0

资料来源：2018年中国老年社会追踪调查。

进一步分析发现，西部地区农村留守老人购买帮助日常购物服务的意愿较高。西部地区农村留守老人表示愿意购买帮助日常购物服务的比例为3.4%，高于全国平均水平、东部地区和中部地区，且比获得过该服务的比例高4倍多（见表6-35、表6-36）。这说明西部地区对农村留守老人帮助日常购物服务的供给不足，满足不了该群体的需要。

表 6-36　西部地区农村留守老人购买日常购物帮助意愿情况　　单位：人，%

	地区			
	东部 (N=3303)	中部 (N=1656)	西部 (N=1544)	全国 (N=6503)
是	3.1	3.1	3.4	3.2
否	96.9	96.9	96.6	96.8
合计	100.0	100.0	100.0	100.0

资料来源：2018年中国老年社会追踪调查。

西部地区农村留守老人获得过上门做家务服务的比例较低。调查数据表明，西部地区农村留守老人曾获得上门做家务服务的比例仅为1.5%，比全国平均水平和东部地区分别低1.0%和2.5%（见表6-37）。可见，西部地区农村留守老人获得上门做家务服务者较少，这与西部地区农村涉老服务市场化程度低有关。

表 6-37　　西部地区农村留守老人上门做家务使用情况　　单位：人，%

	地区			
	东部 （N=3352）	中部 （N=1678）	西部 （N=1553）	全国 （N=6583）
是	4.0	0.5	1.5	2.5
否	96.0	99.5	98.5	97.5
合计	100.0	100.0	100.0	100.0

资料来源：2018年中国老年社会追踪调查。

西部地区农村留守老人购买上门做家务服务的意愿相对较高。调查数据表明，西部地区农村留守老人愿意购买上门做家务服务的比例为5.2%，比全国平均水平和东部地区分别低0.6%和3.8%，却是获得此服务的比例的3倍多（见表6-38）。可见，与曾经获得此服务的比例相比，西部地区农村留守老人购买上门做家务服务的意愿相对较高。

表 6-38　　西部地区农村留守老人购买上门做家务意愿情况　　单位：人，%

	地区			
	东部 （N=3302）	中部 （N=1655）	西部 （N=1544）	全国 （N=6501）
是	9.0	3.0	5.2	6.6
否	91.0	97.0	94.8	93.4
合计	100.0	100.0	100.0	100.0

资料来源：2018年中国老年社会追踪调查。

第五节　照料关爱服务状况

西部地区农村留守老人失能率较高，日常生活中的照料关爱服务需求较大。西部农村留守老人11项日常生活失能情况，由高到低排序依次是：打电话（35.9%）、小便失禁（10.3%）、吃药（8.7%）、洗澡（7.8%）、大便失禁（6.8%）、把自己收拾得干净整齐（5.5%）、上厕所（3.7%）、穿衣服（3.3%）、从床上移到床边的椅子（3.0%）、吃饭（2.8%）、室内走动（1.8%）（见表6-39）。在这11项行为中，西部地区农村留守老人有5项失能率高于东部地区留守老人，有8项失能率高于中部地区留守老人。可见，西部地区农村留守老人日常生活的失能率较高，日常生活需要照料关爱的老人较多。

表6-39　　　　　农村留守老人日常生活失能情况　　　　单位：%

行为	东部地区 （N=3356）	中部地区 （N=1681）	西部地区 （N=1555）
1. 打电话	9.2	32.7	35.9
2. 把自己收拾得干净整齐	5.3	4.8	5.5
3. 穿衣服	4.2	3.4	3.3
4. 洗澡	8.2	5.5	7.8
5. 吃饭	3.0	2.4	2.8
6. 吃药	5.7	5.5	8.7
7. 小便失禁	5.7	6.7	10.3
8. 大便失禁	4.0	5.8	6.8
9. 上厕所	4.2	3.3	3.7
10. 从床上移到床边的椅子	3.7	3.5	3.0
11. 室内走动	2.5	1.8	1.8

资料来源：2018年中国老年社会追踪调查。

西部地区农村留守老人的生活起居有人照料的比重较高。调查数据显示，西部地区农村留守老人有人照料生活起居的比例为95.1%，比全国平均水平、东部地区和中部地区分别高2.0%、2.2%和3.6%（见表6-40）。可见，西部地区农村留守老人获得生活起居照料者较多。

表6-40　　　西部地区农村留守老人生活起居照料情况　　　单位：人，%

	地区			
	东部 （N=280）	中部 （N=106）	西部 （N=122）	全国 （N=508）
有	92.9	91.5	95.1	93.1
没有	7.1	8.5	4.9	6.9
合计	100.0	100.0	100.0	100.0

资料来源：2018年中国老年社会追踪调查。

西部地区农村留守老人认为日常生活照料的主要承担人应当是子女和本人或配偶。西部地区农村留守老人认为日常生活照料的主要承担人是子女的比例为57.0%，认为是老年人自己或者配偶的比例为17.3%，认为由政府、子女和老年人共同承担的老年人比例为14.8%，还有10.2%的老年人认为应该由政府承担；西部地区农村留守老人认为照料主要承担人应当是家庭（即子女和本人或配偶）的比例高达74.3%，分别比东部地区和中部地区高11.3%和2.6%（见表6-41）。可见，西部地区农村留守老人对家庭照料特别是子女照料的依赖程度更高。西部地区农村留守老人的照料承担人多选择子女和配偶，对政府和社区的选择较少，这也反映出西部地区农村留守老人"养儿防老"的养老观念还比较强，另外也反映西部地区政府和社区社会养老供给不足，有待进一步完善。

表6-41　　　　农村留守老人的照料主要承担人意愿　　　　单位：%

承担人	东部地区（N=3135）	中部地区（N=1622）	西部地区（N=1506）
政府	13.3	10.2	10.2
社区	1.7	0.2	0.7
子女	39.9	53.5	57.0
本人或配偶	23.1	18.2	17.3
政府/子女/老人共同承担	22.0	17.9	14.8
合计	100.0	100.0	100.0

资料来源：2018年中国老年社会追踪调查。

进一步分析发现，西部地区农村留守老人居前三位的照料者分别是配偶、儿子和儿媳。调查数据显示，西部地区农村留守老人的照料者中：配偶占比为37.1%，比全国平均水平和东部地区分别高1.2%和5.7%；儿子占比为22.4%，比全国平均水平、东部地区和中部地区分别低1.0%、1.4%和1.3%；儿媳占比为15.5%，比全国平均水平、东部地区和中部地区分别高3.5%、4.0%和6.2%；女儿占比为11.2%，比全国平均水平和东部地区分别低5.0%和9.1%；保姆/小时工占比为4.3%，比全国平均水平低2.2%（见表6-42）。可见，与全国相比，西部地区农村留守老人生活起居前三位照料者分别是配偶、儿媳和女儿，而获得社会化和市场化照料的留守老人较少。

表 6-42　　　西部地区留守老人生活起居第一位照料者　　　单位：人，%

	东部 (N=261)	中部 (N=97)	西部 (N=116)	全国 (N=474)
配偶	31.4	46.4	37.1	35.9
儿子	23.8	23.7	22.4	23.4
儿媳	11.5	9.3	15.5	12.0
女儿	20.3	11.3	11.2	16.2
女婿	0.4	1.0	0	0.4
孙子或其配偶	0.8	2.1	5.2	2.1
其他亲戚	2.7	2.1	2.6	2.5
保姆/小时工	8.8	3.1	4.3	6.5
志愿者或非营利机构人员	0	0	0.9	0.2
其他人	0.3	1.0	0.8	0.8
合计	100.0	100.0	100.0	100.0

资料来源：2018 年中国老年社会追踪调查。

进一步分析表明，西部地区农村留守老人照料者对留守老人生活起居的照料频率较低。调查数据显示，西部地区农村留守老人表示天天都有人照料的占 87.9%，每周一次的占 7.8%，每月一次的占 2.6%，一年几次的占 1.7%；另外，西部地区农村留守老人照料者几乎每天都照料留守老人的比例比全国平均水平、东部地区和中部地区分别低 3.6%、3.2% 和 9.0%（见表 6-43）。可见，西部地区农村留守老人获得配偶、儿子和儿媳的照料服务的频率较低，低于全国平均水平、东部地区和中部地区。西部地区农村留守老人大部分与配偶一起生活，依靠配偶照料生活的比较普遍，但留守老人获得的照料较少。

表 6-43　　　西部地区留守老人照料者提供照料的频率　　　单位：人，%

	东部 (N=258)	中部 (N=96)	西部 (N=116)	全国 (N=470)
几乎天天	91.1	96.9	87.9	91.5

续表

	地区			
	东部 (N=258)	中部 (N=96)	西部 (N=116)	全国 (N=470)
每周一次	7.4	3.1	7.8	6.6
每月一次	1.2	0	2.6	1.3
一年几次	0.3	0	1.7	0.6
合计	100.0	100.0	100.0	100.0

资料来源：2018年中国老年社会追踪调查。

第六节 制度保障关爱服务状况

西部地区农村留守老人主要生活来源依靠为离/退休金或/养老金、子女的资助、劳动或工作所得。从留守老人主要生活来源来看，西部地区农村留守老人主要生活来源前三位依次是离/退休金/养老金、子女的资助、劳动或工作所得，比例分别为41.5%、25.2%、18.8%，三者比例高达85.5%；与东部地区相比，西部地区农村留守老人依靠子女资助的比例比东部地区高11.8%，依靠劳动或工作所得的比例比东部地区高10.3%，而依靠政府等补贴资助的比例比东部地区高3.9%（见表6-44）。可见，西部地区农村留守老人在主要生活来源上对子女以及政府的依赖性较高。这一方面说明西部地区农村留守老人经济独立性差，另一方面说明西部地区农村留守老人在主要生活来源上需要更多的关爱。

表6-44　　　　农村留守老人主要生活来源情况　　　　单位：%

生活来源	东部地区 (N=3356)	中部地区 (N=1677)	西部地区 (N=1555)
离/退休金/养老金	66.4	29.0	41.5
劳动或工作所得	8.5	23.3	18.8
子女的资助	13.4	31.8	25.2

续表

生活来源	东部地区 (N=3356)	中部地区 (N=1677)	西部地区 (N=1555)
政府/社团的补贴/资助	3.6	6.4	7.5
以前的积蓄	0.9	1.9	1.2
其他	7.2	7.6	5.8
合计	100.0	100.0	100.0

资料来源：2018年中国老年社会追踪调查。

西部地区农村留守老人享有农村社会养老保险金的情况相对较高。调查显示，西部地区农村留守老人表示享有农村社会养老保险金的比例为49.3%，比全国平均水平、东部地区和中部地区分别高19.4%、31.5%和13.9%（见表6-45）。可见，西部地区农村留守老人享受农村社会养老保险金比全国平均水平、东部地区和中部地区均要高，但是留守老人享受农村社会养老保险金的比例还未超过一半，整体上还比较低。农村社会养老保险的覆盖面还比较窄，应进一步加大农村社会养老保险的覆盖范围。

表6-45　西部地区农村留守老人享受农村社会养老保险金情况　单位：人,%

	地区			
	东部 (N=3261)	中部 (N=1680)	西部 (N=1547)	全国 (N=6488)
是	17.8	35.4	49.3	29.9
否	82.2	64.6	50.7	70.1
合计	100.0	100.0	100.0	100.0

资料来源：2018年中国老年社会追踪调查。

调查数据显示，享有最低生活保障金或贫困救助金的西部地区农村留守老人比例为10.0%，比全国平均水平、东部地区和中部地区分别高3.5%、6.2%和1.7%（见表6-46）。可见，虽然享有最低生活保障金或贫困救助金的西部地区农村留守老人仅有1/10，但均比全国、东部地区和中部地区要高，这说明处于贫困状态和贫困边缘的西部地区农村留守老人较多,经济状况比较差,获取最低生活保障金或贫困救助金的需求较大。

表 6-46　　西部地区农村留守老人最低生活保障金或贫困救助金情况

单位:人,%

	地区			
	东部 (N=3259)	中部 (N=1677)	西部 (N=1547)	全国 (N=6483)
是	3.8	8.3	10.0	6.5
否	96.2	91.7	90.0	93.5
合计	100.0	100.0	100.0	100.0

资料来源:2018 年中国老年社会追踪调查。

西部地区农村留守老人享有高龄津贴的占比较少。调查数据显示,享有高龄津贴的西部地区农村留守老人比例为 8.5%,比全国平均水平、东部地区和中部地区分别低 2.8%、1.5% 和 11.3%(见表 6-47)。西部地区农村留守老人获得高龄津贴者较少,低于全国水平。这一方面反映了西部地区农村的高龄津贴制度覆盖面比较窄,另一方面也反映了西部地区农村经济发展水平较低。

表 6-47　　西部地区农村留守老人享有高龄津贴情况　　单位:人,%

	地区			
	东部 (N=3256)	中部 (N=1675)	西部 (N=1547)	全国 (N=6479)
是	10.0	19.8	8.5	11.3
否	90.0	80.2	91.5	88.7
合计	100.0	100.0	100.0	100.0

资料来源:2018 年中国老年社会追踪调查。

西部地区农村留守老人享有居家养老服务补贴的占比很低。调查数据显示,享有居家养老服务补贴的西部地区农村留守老人比例仅为 0.4%,低于全国平均水平和西部地区(见表 6-48)。总体上看,全国平均水平、东部地区和中部地区留守老人享有居家养老服务的比例均未达到1.0%,但西部地区农村留守老人获得者更低。这说明居家养老服务制度的推进力度不大,覆盖范围不够广。

表6-48　　　　西部地区农村留守老人居家养老服务补贴情况　　　单位:人,%

	地区			
	东部 (N=3257)	中部 (N=1677)	西部 (N=1547)	全国 (N=6481)
是	0.8	0.3	0.4	0.6
否	99.2	99.7	99.6	99.4
合计	100.0	100.0	100.0	100.0

资料来源:2018年中国老年社会追踪调查。

西部地区农村留守老人享受老年优待的状况不容乐观。调查显示,享受老年优待的西部地区农村留守老人占19.2%,比全国平均水平和东部地区分别低14.0%和29.7%(见表6-49)。西部地区农村留守老人享受老年优待政策的比例远远低于全国水平和东部地区,这也说明西部地区老年优待政策尚不健全。

表6-49　　　　西部地区农村留守老人享有老年优待情况　　　单位:人,%

	地区			
	东部 (N=3349)	中部 (N=1673)	西部 (N=1556)	全国 (N=6578)
是	48.9	14.7	19.2	33.2
否	51.1	85.3	80.8	66.8
合计	100.0	100.0	100.0	100.0

资料来源:2018年中国老年社会追踪调查。

第七章

农村留守老人关爱服务的政策、实践、经验与困境

农村劳动力向城市的流动和迁移是现代化、工业化和城市化发展的必然结果，由此产生的留守老人问题是不可避免的。据民政部统计，2018年全国农村留守老人有1600万人左右。可见，我国的农村留守老人已成为一个庞大的社会群体。随之而来的是农村留守老人的相关社会问题。目前我国农村留守老人普遍存在收入低，医疗保障水平低，精神文化生活缺乏等问题。中共中央、国务院等部门自2006年开始关注留守老人问题，2014年国务院首次提出要建立健全农村留守老人关爱服务体系，2017年党的十九大报告明确提出加快建立健全农村留守老人关爱服务体系。[1] 2017年由民政部、公安部、司法部、全国老龄办等9个部门联合发布了《关于加强农村留守老年人关爱服务工作的意见》中提出，力争到2020年，农村留守老人关爱服务工作机制和基本制度全面建立，关爱服务体系初步形成。2018年，《中共中央、国务院关于实施乡村振兴战略的意见》明确提出加强农村社会保障体系建设，构建多层次农村养老保障体系，创新多元化照料服务模式，健全农村老年人关爱服务体系。可见，农村留守老人关爱服务体系建设受到党中央、国务院高度重视。

在新时代中国特色社会主义以及乡村振兴战略提出的背景下，农村留守老人关爱服务体系的建立迎来了难得的发展机遇。首先，健全农村老年人关爱服务体系是乡村振兴战略的目标之一，这有利于关爱

---

[1] 习近平：《决胜全面建成小康社会　夺取新时代中国特色社会主义伟大胜利》，人民出版社2017年版。

服务体系各项工作的开展。其次,乡村振兴战略要求全面建设乡村的基础设施,这有利于为农村留守老人的休闲娱乐以及文化教育等精神关爱服务提供载体。最后,乡村振兴战略提出让农业成为有奔头的产业,让农民成为有吸引力的职业,这有利于让外出打工的子女返乡,进而使农村留守老人尤其是完全不能自理的老人的照料护理等关爱服务获得家庭基础。

建立健全农村留守老人关爱服务体系已经成为国家、社会以及学者关注的重点。学者分别对农村留守老人关爱服务体系的内容、构建基础、责任主体、服务需求等进行研究,并且取得了一定的成果,但是对农村留守老人关爱服务体系的内涵、理论基础、建设内容、建设机制和服务队伍等没有深入研究,尚未形成系统一致的观点。因此,本书在回顾既有研究的基础上对留守老人关爱服务体系的内涵、理论基础、服务内容、服务模式等问题进行研究。

第一节 农村留守老人关爱服务体系的政策与实践

城市化发展是一个漫长的过程,留守老人问题也将在一定时期内长期存在。各地有关部门和政府针对农村留守老人问题积极探索各种有效措施和模式,这些措施为开展农村留守老人关爱服务体系研究提供有益参考。

一 政策体系

(一) 农村留守老人问题的全国性政策体系

2006年12月29日国务院办公厅印发的《人口发展"十一五"和2020年规划的通知》(国办发〔2006〕107号)首次指出,农村、中西部和贫困地区留守老人、儿童的照料和教育问题突出。[1] 国务院

---

[1] 国务院办公厅:《国务院办公厅关于印发人口发展"十一五"和2020年规划的通知》,http://www.gov.cn/zhengce/content/2008-03/28/content_6512.htm。

在 2012 年和 2014 年的《关于落实〈政府工作报告〉重点工作部门分工的意见》中，提出要关爱留守老人；①② 并在 2015 年和 2016 年的《国务院关于落实〈政府工作报告〉重点工作部门分工的意见》中指出要建立、健全留守老人关爱服务体系。③④

2011 年 11 月 23 日国务院印发旨在阐明"十二五"时期国家人口发展的基本思路、发展目标和工作重点的《国务院关于印发国家人口发展"十二五"规划的通知》（国发〔2011〕39 号）提出，要提高家庭发展能力，并着力提高家庭服务能力，探索建立以家庭为中心的人口计生公共服务体系，开展家庭初级保健、家庭教育指导等，以及对老年人家庭、留守家庭等的关怀服务等。⑤

2011 年 12 月 16 日为积极应对人口老龄化，建立起与人口老龄化进程相适应，与经济社会发展水平相协调的社会养老服务体系，实现党的十七大确立的"老有所养"的战略目标和党的十七届五中全会提出的"优先发展社会养老服务"的要求，根据《国民经济和社会发展第十二个五年规划纲要》和《中国老龄事业发展"十二五"规划》，《关于社会养老服务体系建设规划（2011—2015 年）的通知》（国办发〔2011〕60 号）指出，在农村，结合城镇化发展和新农村建设，以乡镇敬老院为基础，建设日间照料和短期托养的养老床位，逐步向区域性养老服务中心转变，向留守老年人及其他有需要的老年人提

---

① 国务院：《国务院关于落实〈政府工作报告〉重点工作部门分工的意见》，http://www.gov.cn/zhengce/content/2013-03-27/content_1197.htm。

② 国务院：《国务院关于落实〈政府工作报告〉重点工作部门分工的意见》，http://www.gov.cn/zhengce/content/2014-04-17/conte 56.htm。

③ 国务院：《国务院关于落实〈政府工作报 重点工作部门分工的意见》，http://www.gov.cn/zhengce/content/2015-04-10/content_9 8.htm。

④ 国务院：《国务院关于落实〈政府工作报告〉重点工作部门分工的意见》，http://www.gov.cn/zhengce/content/2016-03-29/content_5059540.htm。

⑤ 国务院：《国务院关于印发国家人口发展"十二五"规划的通知》，http://www.gov.cn/zhengce/content/2012-04-10/content_6496.htm。

供日间照料、短期托养、配餐等服务。①

国务院 2012 年 2 月 5 日转发的《关于进一步做好人口计生与扶贫开发相结合工作的若干意见的通知》（国办发〔2012〕10 号）中提出，要开展关怀关爱农村留守老人的活动。②

国务院《关于印发"十二五"期间深化医药卫生体制改革规划暨实施方案的通知》（国发〔2012〕11 号）中指出，要加强农村留守老人的公共卫生服务和重大传染病防控工作，提高公共卫生服务的可及性。③

2012 年 6 月 14 日国务院同意人力资源社会保障部、国家发展改革委、民政部、财政部、卫生部、社保基金会制定的《社会保障"十二五"规划纲要》。纲要提出，在社会保障服务体系建设中要建立健全农民工留守家属关爱服务体系。④

国务院在 2012 年 7 月 11 日印发的《关于国家基本公共服务体系"十二五"规划的通知》（国发〔2012〕29 号）中提出，在外出就业较为集中的农村地区，要重点解决好留守家属的关爱服务，充分利用布局调整后闲置资源用于开展托老、托幼等服务。⑤

民政部和财政部在 2013 年 11 月 15 日的《关于加快推进社区社会工作服务的意见》（民发〔2013〕178 号）中提出，在农村社区以空心村落、空巢家庭、留守人群为重点，为留守老人提供生活照料、

---

① 国务院办公厅：《国务院办公厅关于印发社会养老服务体系建设规划（2011—2015 年）的通知》，http://www.gov.cn/zhengce/content/2011-12/27/content_6550.htm。

② 国务院办公厅：《国务院办公厅转发人口计生委扶贫办关于进一步做好人口计生与扶贫开发相结合工作若干意见的通知》，http://www.gov.cn/zhengce/content/2012-02/10/content_6489.htm。

③ 国务院：《国务院关于印发"十二五"期间深化医药卫生体制改革规划暨实施方案的通知》，http://www.gov.cn/zhengce/content/2012-03/21/content_6094.htm。

④ 国务院：《国务院关于批转社会保障"十二五"规划纲要的通知》，http://www.gov.cn/zhengce/content/2012-06/27/content_7231.htm。

⑤ 国务院：《国务院关于印发国家基本公共服务体系"十二五"规划的通知》，http://www.gov.cn/zhengce/content/2012-07/19/content_7224.htm。

代际沟通、精神慰藉、文化娱乐等方面服务。①

为进一步做好新形势下为农民工服务工作,切实解决农民工面临的突出问题,国务院在2014年9月12日印发的《关于进一步做好为农民工服务工作的意见》(国发〔2014〕40号)中指出,要建立健全农村留守老人关爱服务体系。全面实施城乡居民基本养老保险制度,建立健全农村老年社会福利和社会救助制度,发展适合农村特点的养老服务体系,努力保障留守老人生活。同时要加强社会治安管理,保障留守老人的安全,发挥农村社区综合服务设施关爱留守人员功能。②

2014年11月19日国务院办公厅印发的《关于进一步动员社会各方面力量参与扶贫开发的意见》(国办发〔2014〕58号)提出,要不断打造针对贫困地区留守妇女、儿童、老人、残疾人等特殊群体的一对一结对、手拉手帮扶等扶贫公益新品牌。③

2015年5月31日,中共中央办公厅、国务院办公厅印发《关于深入推进农村社区建设试点工作的指导意见》的工作任务中提出,要健全农村"三留守"人员关爱服务体系,加强分类指导。④

就推进基层综合性文化服务中心建设,2015年10月2日国务院办公厅印发《关于推进基层综合性文化服务中心建设的指导意见》(国办发〔2015〕74号)。文件指出要为老年人、未成年人、残疾人、农民工和农村留守妇女儿童等群体提供有针对性的文化服务,推出一批特色服务项目。⑤

2016年3月5日,国务院总理李克强作政府工作报告时指出,加

---

① 民政部、财政部:《民政部、财政部关于加快推进社区社会工作服务的意见》,http://www.mca.gov.cn/article/zwgk/fvfg/shgz/201311/20131100549962.shtml。
② 国务院:《国务院关于进一步做好为农民工服务工作的意见》,http://www.gov.cn/zhengce/content/2014-09/30/content_9105.htm。
③ 国务院办公厅:《国务院办公厅关于进一步动员社会各方面力量参与扶贫开发的意见》,http://www.gov.cn/zhengce/content/2014-12/04/content_9289.htm。
④ 中共中央办公厅、国务院:《关于深入推进农村社区建设试点工作的指导意见》,http://www.gov.cn/xinwen/2015-05/31/content_2871051.htm。
⑤ 国务院办公厅:《国务院办公厅关于推进基层综合性文化服务中心建设的指导意见》,http://www.gov.cn/zhengce/content/2015-10/20/content_10250.htm。

强和创新社会治理。推进城乡社区建设，支持工会、共青团、妇联等群团组织参与社会治理。加快行业协会商会与行政机关脱钩改革，依法规范发展社会组织，支持专业社会工作、志愿服务和慈善事业发展，切实保障妇女、儿童、残疾人权益，加强对农村留守儿童和妇女、老人的关爱服务。①

2016年5月27日，中共中央政治局就我国人口老龄化的形势和对策举行第三十二次集体学习。中共中央总书记习近平在主持学习时强调，要建立老年人状况统计调查和发布制度、相关保险和福利及救助相衔接的长期照护保障制度、老年人监护制度、养老机构分类管理制度，制定家庭养老支持政策、农村留守老人关爱服务政策、扶助老年人慈善支持政策、为老服务人才激励政策，促进各种政策制度衔接，增强政策合力。②

民政部和财政部在2016年7月13日印发了《关于中央财政支持开展居家和社区养老服务改革试点工作的通知》（民函〔2016〕200号）。文件提出支持老城区和已建成居住（小）区通过购置、置换、租赁等方式开辟养老服务设施，支持依托农村敬老院、行政村、较大自然村利用已有资源建设日间照料中心、养老服务互助幸福院、托老所、老年活动站等农村养老服务设施，满足城乡老年人特别是空巢、留守、失能、失独、高龄老年人的养老服务需求。③

(二) 小结

中共中央、国务院等部门自2006年关注留守老人问题，2014年国务院首次提出要建立健全农村留守老人关爱服务体系，在国家层面的政策和文件中对建立健全留守老人关爱服务体系都有所提及，并找准了留守老人工作的重点和难点，切实保护留守老人的合法权益，关

---

① 李克强：《切实保障改善民生，加强社会建设》，http://www.gov.cn/guowuyuan/2016-03/05/content_5049336.htm。
② 习近平：《推动老龄事业全面协调可持续发展》，http://news.xinhuanet.com/politics/2016-05/28/c_1118948763.htm。
③ 民政部、财政部：《民政部、财政部联合开展居家和社区养老服务改革试点工作》，http://www.mca.gov.cn/article/zwgk/mzyw/201607/20160700001225.shtml。

注当前留守老人工作面临的重要问题,体现了对留守老人工作的重视。国家层面的政策和文件对于地方出台留守老人关爱服务体系相关的政策文件具有指导意义,并为地方政策文件及实践工作指明方向。但是,国家层面仍未针对留守老人关爱服务体系制定专项的文件和实施意见。要真正解决留守老人存在的问题,短期内很难一步到位,应结合国家中长期经济社会发展规划,结合农村实际,循序渐进式地推进。

二 地方性政策

(一) 东部地区关于留守老人问题及关爱服务体系出台的相关政策文件

2013年中国共产党福建省第九届委员会第十次全体会议通过了《中共福建省委关于贯彻党的十八届三中全会精神全面深化改革的决定》,并指出要建立健全经济困难的高龄、独居、失能等老年人补贴制度;健全农村留守儿童、妇女、老年人关爱服务体系。①

2015年和2016年广东省政府工作报告指出,要完善农村"三留守"人员关爱服务体系。②③

2016年江苏省《关于印发江苏省国民经济和社会发展第十三个五年规划纲要的通知》(苏政发〔2016〕35号)指出,要依托中小学、村委会和农村社区,建立健全农村留守儿童、留守妇女、留守老人关爱服务体系。④

山东省人民政府2013年印发的《关于进一步做好新形势下农民

---

① 中共福建省委:《中共福建省委关于贯彻党的十八届三中全会精神全面深化改革的决定》,http://www.fjedu.gov.cn/html/xxgk/zywj/2013/12/03/fa9f97e0-55ca-4bd8-e040-a8c0906558f1.html。

② 朱小丹:《在广东省第十二届人民代表大会第三次会议上作政府工作报告》,http://zwgk.gd.gov.cn/006939748/201502/t20150215_569876.html。

③ 朱小丹:《在广东省第十二届人民代表大会第四次会议上作政府工作报告》,http://zwgk.gd.gov.cn/006939748/201602/t20160201_641795.html。

④ 江苏省人民政府:《省政府关于印发江苏省国民经济和社会发展第十三个五年规划纲要的通知》,http://www.jiangsu.gov.cn/jsgov/tj/bgt/201603/t20160331497150.html。

工工作的意见》（鲁政发〔2013〕22号）指出要创新和加强工青妇组织对农民工的服务，健全农村留守儿童、留守妇女和留守老人关爱服务体系，在全社会营造理解、尊重、关爱和保护农民工的良好氛围。①

山东省民政厅、财政厅在2015年联合下发了《山东省政府购买社会工作服务实施办法》（鲁民〔2015〕54号）。文件明确规定，政府购买主体按照"受益广泛、群众急需、服务专业"原则，重点对城市流动人口融入社会服务、农村留守人员社会保护服务、老年人和残疾人社会照顾服务、未成年人健康成长服务、特殊群体社会关爱服务、社区社会工作服务、受灾群众生活重建服务、社会工作宣传教育8项工作实施政府购买。②

2016年6月为认真做好农村留守儿童关爱保护工作，确保农村留守儿童得到妥善的监护照料和更好的关爱保护，山东省人民政府印发《关于贯彻国发〔2016〕13号文件加强农村留守儿童关爱保护工作的实施意见》（鲁政发〔2016〕17号）。同时提出各地要同步开展农村留守妇女、留守老人摸底排查工作，将农村留守妇女、留守老人基本信息纳入山东省未成年人（留守儿童）关爱保护信息管理平台。③

河北省2009年全省农村工作会议要求搭建农村社区综合服务平台，创新管理模式和管理机制，整合各方资源，为农民群众提供生产经营、法律援助等多方面服务，特别要为农村留守儿童、留守妇女、留守老人创造良好的生产生活条件。④

---

① 山东省人民政府：《山东省人民政府关于进一步做好新形势下农民工工作的意见》，http：//www.shandong.gov.cn/art/2013/9/6/art_285_5646.html。

② 山东省人民政府：《山东省财政厅关于印发〈山东省政府购买社会工作服务实施办法〉的通知》，http：xxgk.shandong.gov.cn/msgopen/activeopenlist/? DeptId = 7cfaea79-bbbe-4e66-89f1-df80cdc67699&DeptName=%u7701%u6C11%u653F%u5385l。

③ 山东省人民政府：《山东省人民政府关于贯彻国发〔2016〕13号文件加强农村留守儿童关爱保护工作的实施意见》，http：//www.shandong.gov.cn/art/2016/6/23/art_285_10061.html。

④ 河北省政府办公厅：《张和副省长在全省农村工作会议上的讲话》，http：//info.hebei.gov.cn/eportal/ui? pageId=1962757&articleKey=374742&columnId=329982。

2016年河北省卫生计生委、省计生协下发《关于开展流动人口计生协示范点建设工作的通知》（冀卫发〔2016〕8号），指出在流动人口中广泛开展卫生计生关怀关爱、生育关怀、创建幸福家庭、青春健康教育等活动，走访慰问流动人口困难家庭，特别是留守老人、妇女和儿童，帮助他们解决健康、医疗、优生优育等方面的实际困难，提高家庭发展能力。①

（二）中部地区关于留守老人问题及关爱服务体系出台的相关政策文件

2014年安徽省政府工作报告提出，要加快发展妇女儿童和老龄事业，完善农村留守妇女、儿童、老人关爱帮扶体系，推动建立困境儿童分类保障制度。② 并在2014年7月28日下发的《关于加快发展养老服务业的实施意见》提出，要强化公办保障性养老机构托底保障功能；继续加强社会福利院、农村敬老院、光荣院等托底保障性养老机构建设，不断提高服务保障水平；在满足农村五保对象需求的前提下，积极推进农村敬老院转型成为区域性养老服务中心，为当地高龄、空巢、留守、失能失智老年人提供集中养护服务。③

河南省人民政府2015年下发的《关于进一步做好为农民工服务工作的实施意见》（豫政〔2015〕50号）指出要做好农村留守儿童、留守妇女和留守老人关爱工作。建立健全农村老年社会福利制度，发展适合农村特点的养老服务体系。加大农村养老服务设施建设投入，继续推进农村互助幸福院建设。健全农村治安防控体系，保障留守儿童、留守妇女和留守老人的安全。④

---

① 河北省卫生和计划生育委员会、河北省计划生育协会：《河北省卫生计生委省计生协关于开展流动人口计生协示范点建设工作的通知》，http://info.hebei.gov.cn/eportal/ui?pageId=1991949&articleKey=6631099&columnId=330156。

② 安徽省人民政府：《安徽省政府2014年政府工作报告》，http://xxgk.ah.gov.cn/UserData/DocHtml/731/2014/5/29/328787013296.html。

③ 安徽省人民政府：《安徽省人民政府关于加快发展养老服务业的实施意见》，http://xxgk.ah.gov.cn/UserData/DocHtml/731/2014/8/6/247144863962.htmll。

④ 河南省人民政府：《河南省人民政府关于进一步做好为农民工服务工作的实施意见》，http://www.henan.gov.cn/zwgk/system/2015/08/20/010577681.shtml。

(三) 西部地区关于留守老人问题及关爱服务体系出台的相关政策文件

2012年贵州省人民政府办公厅针对各市、自治州人民政府，各县（市、区、特区）人民政府，省政府各部门、各直属机构下发的《关于进一步深化医药卫生体制改革的意见》（黔府发〔2012〕21号）指出，要加强流动人口、农村留守老人儿童的公共卫生服务和重大传染病防控工作。① 贵州省人民政府办公厅2013年《关于印发实施深入推进毕节试验区改革发展规划（2013—2020年）重点工作部门分工方案的通知》（黔府办函〔2013〕133号）提出，要创新基层管理服务，建立健全留守儿童、留守老人爱心驿站，并大力加强和改进流动人口和农村留守群体的服务管理工作。② 贵州省人民政府2015年印发的《关于进一步做好为农民工服务工作的实施意见》（黔府发〔2015〕31号）指出，要全面实施城乡居民基本养老保险制度，建立健全农村老年社会福利和社会救助制度，发展适合农村特点的养老服务体系，努力保障留守老人生活；加强社会治安管理，保障留守老人等的安全；发挥农村社区综合服务设施关爱留守人员功能。③ 贵州省在2016年印发的《关于进一步加强农村留守老人关爱服务工作的实施意见》（黔府办函〔2015〕218号）指出从12个方面进行具体实施。分别是：摸清关爱服务对象基本情况，落实赡养义务人主体责任，引导农民工返乡创业就业，动员社会力量开展关爱服务，加大留守老人社会救助力度，提高留守老人社会保障水平，加强留守老人平安守护工作，健全监测评估应急处置机制，加快农村养老服务设施建设，大力提升农

---

① 贵州省人民政府：《贵州省人民政府关于进一步深化医药卫生体制改革的意见》，http：//www.gzgov.gov.cn/xxgk/jbxxgk/fgwj/zfwj/qff/232925.shtml。

② 贵州省人民政府：《贵州省人民政府办公厅关于印发实施深入推进毕节试验区改革发展规划（2013—2020年）重点工作部门分工方案的通知》，http：//govinfo.nlc.gov.cn/gzsfz/xxgk/gzsrmzfbgt/201401/t20140114_4577729.shtml#。

③ 贵州省人民政府：《贵州省人民政府关于进一步做好为农民工服务工作的实施意见》，http：//www.gzgov.gov.cn/xxgk/jbxxgk/201510/t20151008_341227.html。

村养老服务能力,切实加强组织领导,严格落实责任追究。① 并在贵州省 2016 年的《政府工作报告》指出,要加强农村留守老人等的精准关爱救助保障。②

四川省人民政府办公厅在《关于印发四川省国民经济和社会发展"十二五"规划基本思路的通知》(川办发〔2010〕86 号) 中明确指出,要关爱农村留守儿童、学生和老人,倡导乡村文明新风。③

2011 年四川省人民政府批转民政厅省妇儿工委《关于进一步加强农村留守儿童和留守老人救助管理工作的意见的通知》(川府函〔2011〕121 号)。文件指出要以进一步提高广大老年人的生活质量和幸福指数为目标,以优先发展社会养老服务为指针,着力改善农村留守老人生活、医疗、精神慰藉状况,培育壮大老龄服务产业,大力推进养老服务体系建设,努力实现农村留守老人"老有所养、老有所医、老有所教、老有所学、老有所为、老有所乐"④。

2012 年四川省人民政府办公厅《关于印发四川省"十二五"人口发展规划 2012 年实施计划的通知》(川办函〔2012〕56 号) 指出,要帮助化解农村留守儿童、孤残儿童、留守妇女、留守老人面临的困难和问题。⑤

2012 年四川省人民政府办公厅转发省人口计生委省扶贫移民局

---

① 贵州省人民政府:《贵州省人民政府办公厅关于进一步加强农村留守老人关爱服务工作的实施意见》(黔府办函〔2015〕218 号),http://www.gzgov.gov.cn/xxgk/jbxxgk/fgwj/zfwj/qfbh/201601/t20160127_370224.html。

② 贵州省人民政府:《2016 年政府工作报告》,http://www.gzgov.gov.cn/xxgk/jbxxgk/gzbg/gzsgzbg/201609/t20160918_552195.html。

③ 四川省人民政府:《四川省人民政府办公厅关于印发四川省国民经济和社会发展"十二五"规划基本思路的通知》,http://www.sc.gov.cn/10462/10464/10684/10692/2010/10/18/10145323.shtml。

④ 四川省人民政府:《四川省人民政府批转民政厅省妇儿工委关于进一步加强农村留守儿童和留守老人救助管理工作的意见的通知》,http://www.sc.gov.cn/10462/10883/11066/2011/6/15/10165520.shtml。

⑤ 四川省人民政府:《四川省人民政府办公厅关于印发四川省"十二五"人口发展规划 2012 年实施计划的通知》,http://www.sc.gov.cn/10462/10883/11066/2012/3/19/10203598.shtml。

《关于进一步做好人口计生与扶贫开发相结合工作实施意见的通知》（川办发〔2012〕53号）明确提出，要开展关怀关爱农村留守老人等的活动。①

2012年四川省人民政府《关于四川省"十二五"深化医药卫生体制改革规划暨实施方案的通知》（川府发〔2012〕38号）指出，要加强流动人口以及农村留守妇女、儿童和老人的公共卫生服务和重大传染病防控工作，提高公共卫生服务的可及性。②

2012年为充分发挥工会、共青团、妇联、残联、科协等群团组织在服务经济社会发展和民生改善，参与社会管理创新工作中的作用，四川省人民政府办公厅印发《关于支持群团组织参与社会管理服务民生改善工作的通知》（川办发〔2012〕69号）指出，四川省作为人口大省和劳务输出大省，关爱留守老人、留守妇女、留守儿童的任务十分繁重，需要集中和整合全省各方面力量化解矛盾及问题，特别是要充分发挥群团组织的政治优势、组织优势、群众优势，统筹协调各种利益关系。③

为应对人口老龄化快速发展形势，四川省提出加快发展养老服务业的实施意见。并在2014年下发的《关于加快发展养老服务业的实施意见》（川府发〔2014〕8号）指出，要重视和发展农村养老服务。培育农村为老服务社会组织，发挥村民自治功能和老年协会作用，督促家庭成员履行对老年人经济供养、生活照料和精神慰藉的义务，开展邻里互助、志愿服务，帮助留守、失独、经济困难老年人解决生活困难。各级政府用于养老服务的财政性资金应重点向农村倾斜。鼓励

---

① 四川省人民政府：《四川省人民政府办公厅转发省人口计生委省扶贫移民局关于进一步做好人口计生与扶贫开发相结合工作实施意见的通知》，http://www.sc.gov.cn/10462/10883/11066/2012/8/29/10224013.shtml。

② 四川省人民政府：《四川省人民政府关于印发四川省"十二五"深化医药卫生体制改革规划暨实施方案的通知》，http://www.sc.gov.cn/10462/10883/11066/2012/11/19/10236247.shtml。

③ 四川省人民政府：《四川省人民政府办公厅关于支持群团组织参与社会管理服务民生改善工作的通知》，http://www.sc.gov.cn/10462/10883/11066/2012/11/30/10237843.shtml。

城市资金、资产和资源投向农村养老服务。城市公办养老机构要与农村五保供养机构等建立对口支援和合作机制。①

2014年就四川省的医药卫生体制改革主要工作,四川省人民政府办公厅《关于印发四川省深化医药卫生体制改革2014年主要工作安排的通知》(川办发〔2014〕39号)指出,要重点做好流动人口以及农村留守儿童和老人的基本公共卫生服务。②

2015年就加强老年人关爱服务体系建设,四川省人民政府办公厅印发《关于加强老年人关爱服务体系建设意见的通知》(川办发〔2015〕13号)指出,依照全面关爱与重点突出相结合的原则。要根据老年人的物质和精神文化需求,分类别、多层次、有针对性地对老年群体实施全面关爱。重点突出对城乡"三无"人员中的老年人和经济困难的失能、高龄、独居、失独、残疾及空巢、留守等老年人的关爱。③

为深化收入分配制度改革,四川省人民政府2015年印发的《关于深化收入分配制度改革的实施意见》(川府发〔2015〕11号)明确提出,要创新困难群体救助帮扶体系和慈善事业发展管理机制。加强农村留守学生(儿童)、妇女、老年人关爱服务体系建设。大力发展社会慈善事业,鼓励有条件的企业、个人和社会组织举办医院、学校、养老服务等公益事业。④

四川省人民政府2015年印发《关于进一步做好为农民工服务工作的实施意见》(川府发〔2015〕21号)指出,要建立健全农村留守儿童、留守妇女和留守老人关爱服务体系。建立健全农村老年社会福

---

① 四川省人民政府:《四川省人民政府关于加快发展养老服务业的实施意见》,http://www.sc.gov.cn/10462/10883/11066/2014/2/17/10293595.shtml。

② 四川省人民政府:《四川省人民政府办公厅关于印发四川省深化医药卫生体制改革2014年主要工作安排的通知》,http://www.sc.gov.cn/10462/10883/11066/2014/6/17/10304981.shtml。

③ 四川省人民政府:《四川省人民政府办公厅印发关于加强老年人关爱服务体系建设意见的通知》,http://www.sc.gov.cn/10462/10883/11066/2015/2/5/10326395.shtml。

④ 四川省人民政府:《四川省人民政府关于深化收入分配制度改革的实施意见》,http://www.sc.gov.cn/10462/10883/11066/2015/2/12/10327082.shtml。

利和社会救助制度,培育农村为老服务社会组织,开展多种形式的农村养老服务。加强社会治安管理,切实保障留守儿童、留守妇女和留守老人安全。①

重庆市在 2014 年政府工作报告指出,要增强社会保障能力;要大力发展老年服务产业;健全农村留守儿童、妇女、老年人关爱服务体系;加强优抚安置工作;发展社会慈善事业。②

内蒙古自治区民政厅于 2015 年下发了《关于进一步加强关爱农村牧区留守儿童、留守妇女、留守老人服务工作的意见》(内民政发〔2015〕64 号),指出要从留守儿童、妇女和老人的迫切需要出发,从切合实际的志愿服务项目入手,以网格化服务管理平台为载体,以 12349 便民为老服务中心为纽带,广泛开展关爱留守儿童、妇女和老人志愿服务活动,积极为留守儿童、妇女和老人排忧解难,提供心灵关爱的温暖,营造家庭幸福、留守儿童健康成长的良好氛围,加快建立关爱留守儿童、妇女和老人志愿服务行动长效机制,在全社会营造一种"关爱特殊家庭,促进社会和谐"的新风尚。③

(四)小结

东部、中部和西部地区关于农村留守老人的关爱服务体系建设紧跟国家政策文件的脚步。加快构筑留守老人的关爱服务体系受到各地政府和相关部门的重视。为加快构筑老年人关爱服务体系,全国各地在加强农村留守老人关爱服务方面做了大量工作。各地方党委政府,在政策、物质扶持上向留守老人倾斜,并出台了一系列的政策和文件逐步构建留守老人关爱服务政策体系,进行了大量的探索、实践。与国家层面的关于建立健全农村留守老人关爱服务体系相比较,各地方

---

① 四川省人民政府:《四川省人民政府关于进一步做好为农民工服务工作的实施意见》,http://www.sc.gov.cn/10462/10883/11066/2015/4/16/10332639.shtml。

② 重庆市人民政府:《2014 年政府工作报告》,http://www.cq.gov.cn/zwgk/ghjh/2014/1/28/1199980.shtml。

③ 内蒙古自治区民政厅:《关于进一步加强关爱农村牧区留守儿童、留守妇女、留守老人服务工作的意见》,http://www.nmg.gov.cn/xxgkpt/mzt/xxgkml/201509/t20150930_500408.html。

的文件的实施意见更加具体，且操作性更强。西部地区贵州省和四川省都出台了建立健全留守老年人关爱服务体系的专项文件，并提出较系统具体的实施意见及建设目标。但各地区省级层面的关于建立健全农村留守老人关爱服务体系的专项政策文件较少，缺少相关政策资金的支持，影响了留守老人关爱服务体系的后续运行和长远建设。

三 农村留守老人关爱服务实践

（一）建立农村留守老人信息数据库

对农村留守老人开展基本情况调查，通过排查全面、准确地掌握农村留守老人的总量、分布以及当前生活状况，各地将同步建成信息"管理库"，并及时跟踪了解留守老人情况，随即有针对性地开展农村留守老人关爱服务，实施动态管理。例如，福建省武夷山市督促指导各村居（社区）建立"留守老人"信息档案、联系卡和开展为"留守老人"帮扶活动台账记录，实行动态管理；贵州省遵义市习水县彻底排查，完善留守妇女、留守儿童、空巢老人的动态管理台账；吉林省延边州对留守家庭实施动态管理，提供上门服务；四川省宜宾市江安县各村对60周岁以上的农村留守老人的家庭、经济、生产生活、健康等状况进行调查摸底，建立以空巢、高龄、特困、失能等为主的农村留守老人信息档案，并根据年龄、组别、家庭情况和身体健康状况等进行分门别类，及时滚动更新、实现动态化管理，提供分类关爱救助。

（二）加大养老基础设施建设

大力推进农村养老机构建设。通过实施民生工程，开展农村敬老院建设，完善农村中心敬老院配套设施设备。鼓励经济条件好的村兴办家庭托老院或日间照料中心，解决留守老人无人管理、无人赡养的问题，为老人提供日间照料服务，并逐步向文化娱乐、精神慰藉等服务延伸。

福建省武夷山市督促指导各村居（社区）建立一个关爱"留守老人"服务中心（站），并指导各村居（社区）建设农村幸福院；上海市逐步探索，在村一级建立托老所，实施居家养老的集中服务，即把相对分散的高龄独居老人集中到为老服务站进行托养；广西壮族自治区建立留守老人精神关爱机制，开展"亲情牵手"活动，与留守老人结对子，给寂寞的留守老人送温暖；吉林省延边州建立留守家庭托管场所；四川省积极推行农村互助养老，并且积极推动农村社区养老和居家新模式。

（三）完善留守老人社会保障制度

加快推进农村留守老人社会养老保险制度和社会医疗保险制度全覆盖，逐步提高统筹层次和保障水平，降低留守老人个人负担水平。完善社会救助制度，切实解决农村留守老人的生活难问题。完善留守老人社会福利制度，积极为留守老人提供各种形式的照顾和优先、优待服务。

四川省宜宾市江安县积极建立统一的城乡居民基本养老保险制度，制定切实可行的实施方案，增强其可操作性，逐步提高农村居民养老保险金待遇。因现阶段，中西部地方财政比较困难，如果完全靠地方财政解决农村老人养老问题还有很大困难，绝大多数农民生活并不富裕，解决农民养老问题，可采取"以地换保"和"以地筹保"的方式。

福建省武夷山市指导各村居（社区）及时将符合低保条件的农村"留守老人"人员及其家庭成员纳入最低生活保障；贵州省在全省范围加大社会救助力度、提高社会保障水平；云南省镇雄县将农村劳动力全家外出、家庭负担较重的在家留守老人作为农村低保对象予以补助；四川省宜宾市江安县建立了农村老人生活救助制度、医疗救助制度和农村困境老人生活帮扶、护理帮扶、医疗帮扶和丧葬补贴专项帮扶制度。

四川省建立完善"三项补贴"制度，建立完善80周岁以上低收入老年人高龄津贴制度、居家养老服务补贴制度，积极探索建立老年人长期护理补贴制度。

（四）强化尊老、爱老、养老、敬老的宣传教育

重视孝亲敬老传统美德，加强留守老人的法律观念，强化尊老爱幼美德建设，提倡亲情互助，增强家庭赡养和子女孝道责任意识，营造温馨和谐的家庭氛围，切实提高留守老人的幸福指数。例如，四川

省巴中市注重孝亲敬老美德弘扬。借助重阳节、"敬老月""敬老文明号"、敬老模范县（区）、乡（镇）等系列活动平台，开展涉老法律宣传，全市社会关爱留守老人进入常态化。福建省武夷山市积极开展《老年人权益保障法》的宣传教育，切实增强农村"留守老人"的法制观念和自我保护意识；贵州省铜仁市江口县双江街道广泛宣传政策、法律知识，增强干群关系，共建留守老人保护网；广西壮族自治区南宁市马山县加强家庭教育，促使农民工自觉履行赡养义务。

（五）建立农村留守老人服务平台

依托移动、电信等现代网络技术，为留守老人打造全新的"信息化、智能化、产业化"养老产业平台，为他们提供线上线下服务。居家养老信息化线上服务，重点在于最大化地整合服务资源。线下服务的重点是当好居家助手，每月必须组织服务团队工作人员上门探望老人1次以上，根据老人需求，引入服务商加盟，为老人提供全面优质低价的居家服务，如综合维修类、家政服务类、生活配送类、社会志愿团体服务类和专业养老服务类。四川省巴中市力抓现代养老平台建设，为全市老人和村（居）民搭建一个智能信息平台，构建市、县（区）、乡镇（街道）、村（社区）四级居家养老服务信息管理体系和24小时呼叫求助服务体系，切实为不在机构养老的老人提供居家养老服务。四川省宜宾市江安县为留守老人提供四大种类信息平台服务：通信服务、守护天使、健康管家和精神关爱。

（六）引导农民工返乡创业就业

鼓励留守老人家庭劳动力返乡创业、就业，为返乡创业和就业者提供政策咨询、就业指导、劳动维权、社会保障等综合服务。精准开展岗位信息服务，结合留守老人家庭劳动力就业技能和就业意愿等情况，有针对性地开展岗位推荐。例如，贵州省在全省范围大力开展农村实用技术等创业就业技能培训，充分发挥基层平台及帮扶人员作用。吉林省延边州对留守老人家庭劳动力进行农业实用技术和就业技能培训。

（七）引导规范社会各方参与

积极培育发展为老服务公益慈善组织，争取社会支持、动员各方力量，积极扶持发展各类为老服务志愿组织，开展志愿服务活动。陕西省发挥民间力量，积极发展社会化养老服务；广西壮族自治区建立"党员义工服务队""爱心小分队"，帮助留守老人解决生产生活中的实际困难；吉林省延边州建立社会服务志愿队伍；福建省武夷山市指导各村居（社区）建立1—2支能为"留守老人"开展帮扶的志愿服务队伍。

从国务院办公厅2006年首次将留守老人问题作为突出问题写入国家规划文件中，2014年国务院首次提出要建立健全农村留守老人关爱服务体系，至2016年，中共中央办公厅、国务院办公厅针对建立健全农村留守老人的关爱服务体系，指出要加强分类指导，鼓励推出有特色的针对留守老人的服务项目。留守老人问题历经十年的发展，虽然在国家层面的工作规划中没有针对留守老人关爱服务体系提出专项的文件和实施意见，但是在省级层面一些针对构建农村留守老人关爱服务体系的专项文件已经逐步出台，制定了较为系统的实施意见，提出了建设目标。近年来中央到地方不断制定和出台的一系列政策文件，表明我国关于留守老人问题的政策体系已基本形成。这对于解决我国广大农村留守老人问题提供了政策依据，也为下一步开展农村留守老人关爱服务体系建设工作打下了扎实的制度基础。

从国内各地开展留守老人关爱服务体系工作的实践来看，针对留守老人供养、生活照料和精神慰藉等问题，政府和基层部门积极探索，立足实际不断实践，提出了一些关爱服务措施，如建立农村留守老人信息数据库，加大养老基础设施建设，完善留守老人社会保障制度，强化尊老、爱老、养老、敬老的宣传教育，建立农村留守老人服务平台，引导农民工返乡创业就业，引导规范社会各方参与，等等。这些实践和措施为各地解决留守老人问题提供了参考，由于区域差异明显，相关措施的适用性和适用范围还需深入研究。

全国各地关于留守老人的关爱服务体系仍处于探索阶段，地方的实践还未总结出行之有效的关爱服务体系模式。各地结合自身经济和社会情况对留守老人关爱服务进行实践，然而地方特色并不突出。但是，各地对于留守老人关爱服务措施的实践，客观积极地推进了留守老人关爱服务体系的发展。实践的经验为解决留守老人问题提供了积极的借鉴意义,有助于探索留守老人关爱服务体系建设。要真正解决留守老人存在的问题,需要政府政策引导,学界深入研究,社会广泛参与,不断摸索、总结、创新和实践。

第二节 农村留守老人关爱服务体系实践困境

农村留守老人关爱服务队伍具有短期性、流动性的特点。各地实践表明,为农村留守老人提供服务的组织主要包括社区、家庭、党员义工及社会志愿者队伍。提供关爱服务的主体专业化和规模化程度低。建立高效的农村留守老人关爱服务体系需要高质量、专业化的服务队伍,而目前的服务队伍缺乏长期性、稳定性和专业性,很难满足农村留守老人的关爱服务需求。

农村留守老人关爱服务体系的服务平台缺乏有效的监管,严重影响服务平台有序的运行。各地实践经验表明,农村留守老人关爱服务体系的服务平台主要依托移动、电信等现代网络技术,但是由于部门管理职能交叉,多头管理或责任推诿,导致农村留守老人关爱服务体系服务平台处于摆设化、空壳化,不能有效地为农村留守老人提供满意的服务。

农村留守老人关爱服务体系的服务质量缺乏评估标准。建立高效化、层次化的农村留守老人关爱服务体系需要一套规范化的评估体系。对农村留守老人关爱服务质量的定期评估,是农村留守老人关爱服务体系持续健康发展的重要环节。各地实践经验表明,农村留守老人关爱服务体系的初步探索,结果及效果如何,目前没有明确的评估标准和质量监控,使农村留守老人关爱服务体系的服务质量无法予以评估,影响农村留守老人关爱服务的满意度。

目前农村留守老人关爱服务体系的建设仍处于初步阶段,建设思路、建设机制、建设原则等都处于探索时期。建立高效的关爱服务体系需要国家予以专项资金的支撑,服务队伍的专业化及服务机构的规模化、农村留守老人动态信息化以及服务平台的建立都需要专项资金作为保障。而目前国家并没有设立构建农村留守老人关爱服务体系的专项资金，致使农村留守老人关爱服务体系缺少源头动力，服务体系的资金供给不足。

第八章

新时代农村留守老人关爱服务体系构建

第一节　农村留守老人关爱服务体系建设理念与原则

一　建设理念

农村留守老人关爱服务体系的建设无论是顶层设计还是具体建构措施，都须在符合我国的基本国情、社会发展的需要和国家总体利益的前提下，坚持以人为本的理念，以农村留守老人的切实需求为出发点和最终目的，着力打造为农村留守老人提供全方位养老关爱服务的法制环境、社会环境和文化环境。这就要求农村留守老人关爱服务体系中的各个责任主体要树立以人为本的养老观念，真切地感受农村留守老人的身心需求和精神愿望，在尽量不改变农村留守老人原有的生活习惯的前提下进行关爱服务体系的设计和建构。

农村留守老人关爱服务体系以人为本的建设理念具体体现在：第一，服务的支持范围从救助对象扩大到所有农村留守老人；第二，服务不再由个人、家庭、政府包揽，而是鼓励更多的社会力量参与到农村养老事业的建设中来，建设一个福利多元化的多元养老相结合的养老体系；第三，加强养老文化体系建设，深化家庭"孝养观念"意识，在全社会进行孝养文化的宣传和教育，传递"大孝观"；第四，立足基本国情，优先保障农村留守老人的基本养老服务需求，并随经济社会发展逐步扩大关爱服务范围和提高服务标准。

二　建设原则

以习近平新时代中国特色社会主义思想为指导，认真贯彻党中央、国务院关于养老服务体系建设的有关精神和地方政府工作要求,以农村留守老人特别是失能、半失能老人为关爱对象,以防范农村留守老人生活安全风险为服务方向,以增强生活照料、精神慰藉、安全监护、权益维护为服务内容,以督促县乡政府履行职责为抓手,以防范冲击社会道德为底线,建设农村留守老年人关爱服务体系。

坚持家庭尽责原则。强化家庭和子女在赡养、扶养农村留守老年人中的主体责任和法定义务,子女或受委托监护人要依法尽责,为农村留守老年人给予生活照料、精神慰藉等关爱服务;加强对家庭监护和委托监护的督促指导,确保农村留守老年人得到妥善监护照料、亲情关爱和家庭温暖。

坚持基层主导。把农村留守老年人关爱服务工作作为各级政府重要工作内容,落实县、乡(镇)人民政府属地管理责任,强化民政、公安、司法、老龄等有关部门的监督指导责任,切实保障农村留守老年人合法权益。

坚持社会参与。充分发挥村(居)民委员会、老年协会、群团组织、社会组织、专业社会工作者、志愿者等各方面积极作用,建立社会化关爱服务工作机制,着力解决农村留守老年人在生活中遇到的困难和问题,形成全社会关爱农村留守老年人的良好氛围。

坚持重点突出。加强资源统筹,以防范留守生活安全风险为重点,以经济困难的高龄、失能留守老年人为重点对象,强化生活照料、精神慰藉、安全监护、权益维护等基本服务,有针对性地开展农村留守老年人关爱服务。

第二节 农村留守老人关爱服务体系内涵与服务内容

一 农村留守老人关爱服务体系内涵

留守老人问题虽然受到了学界和政府的关注,但留守老人关爱服务体系的内涵尚未统一。2010年以来,在教育部、全国妇联等部门的推动下,各地开始探索建立留守儿童关爱服务体系。[①] 从留守儿童的关爱服务体系研究中可以看出关爱服务体系的建设需要政府主导,多方共同参与,财政资金保障,专业化力量支持,创新体制机制等。关爱服务体系不是单一的物质生活保障,还包括医疗卫生服务、心理健康服务、精神关爱服务、安全守护和权益保障等多方面,力求为服务对象建立一个全方位、多层次的补充保障体系。

农村留守老人关爱服务体系应以习近平新时代中国特色社会主义思想作为构建农村留守老人关爱服务体系的理论基础。以促进农村留守老人安享晚年生活为落脚点,以提升农村留守老人参与感、获得感、幸福感为目的,以政府为主导,以家庭为基础,以村集体为依托,以社会参与为支持,围绕农村留守老人晚年生活中的生产生活、照料护理、医疗健康、精神慰藉、休闲娱乐、文化教育、安全监护、权益保障等服务需求,提供补偿性、全方位、信息化、智能化的社会支持。留守老人的关爱服务体系关键是服务,主要包含生活关爱服务、健康关爱服务、安全关爱服务、权益维护服务、精神关爱服务五个方面。核心是要充分发挥政府、社会、村集体和家庭的作用,为农村留守老人生产生活提供全方位、多层次的关爱服务。

二 农村留守老人关爱服务内容

(一)生活关爱服务

长期以来,农村留守老人的生产生活来源和照料护理主要来自农作物生产和子女照料,但随着老人的劳动力衰退以及子女的外出,老人的生产生活以及照料护理受到了严重的冲击,生活关爱成为留守老人面临的基础问题。农村留守老人生活关爱服务主要围绕农村留守老人的日常生产、生活、照料、护理、起居等内容提供支持性或补偿性服务,为农村留守老人提供一个友好型的日常生活环境,缓解留守老

---

① 全国妇联儿童工作部:《健全农村留守儿童关爱服务体系研究报告(要点)》,《中国妇运》2014年第6卷。

人日常生活面临的照料风险和养老风险。首先是农村留守老人日常生活起居服务,针对留守老人日常生活,如买菜做饭、衣物换洗、外出乘车等衣食住行方面的关爱。其次是农村留守老人生产服务,针对留守老人农业生产,提供劳动力帮扶、技能培训、销售服务、采收等关爱服务。最后是农村留守老人照料护理服务,特别是针对完全失能和部分失能的留守老人提供的日常照料护理(卧床梳洗、饮食)等关爱服务。

(二) 健康关爱服务

随着年龄的增长,农村留守老人身体的健康水平逐步下降,但医疗费用负担过高和农村医疗资源匮乏以及医疗保障水平落后是当前农村留守老人面临的重要问题。"十三五"国家老龄事业发展规划要求健全健康支持体系,因此,健康关爱服务是围绕农村留守老人医疗、康复等内容提供健康类支持与帮助,有效预防与治疗留守老人所患的各类慢性疾病,应对农村留守老人晚年面临的健康风险。农村留守老人健康关爱服务主要有几个方面:第一是医疗康复服务,针对留守老人常见、高发的慢性病提供定期体检、门诊治疗、康复咨询等;第二是心理咨询与健康服务,针对留守老人容易产生的心理问题,提供心理健康测试、心理咨询、心理疏导等,及时解决农村留守老人的心理健康问题;第三是健康知识宣传与教育服务,组织专业医疗保健人员为农村留守老人定期或不定期开展健康知识、保健知识、疾病预防、养身知识等专题讲座,为留守老人提供科学的老年病治疗、预防与保健的宣传与教育。

(三) 安全关爱服务

随着信息社会的快速发展以及留守老人年龄的增长,农村留守老人的安全防范意识也逐渐降低,安全感不高,人身安全以及财产安全都会有所忧虑。因此,"十三五"国家老龄事业发展规划提出要为老年人营造安全、绿色、便利的生活环境。安全关爱服务是围绕农村留守老人生命财产安全提供的安全性、防范性关爱服务。农村留守老人安全关爱服务主要有:第一是生命安全服务,针对留守老人空巢、独居等居住特点,以及农村留守老人身边缺少看护人员的实际情况,为农村留守老人佩戴安全监测警报设备，便于在老人发生紧急状况求救时能及时为留守老人提供安全服务，以应对农村留守老人的社会风险和安全风险；第二是日常生活设施安全化服务，针对农村留守老人的居住环境、生活习惯、身体特点等，为留守老人提供居所的安全化、无障碍化等改造和建设服务，预防留守老人跌倒、摔跤，避免造成留守老人生活失能；第三是财产安全服务，针对农村留守老人信息滞后、科技知识匮乏等，为保障留守老人财产安全，提供防范诈骗、欺诈钱财等安全宣传和教育服务；第四是安装安全设施服务，利用现代网络技术在农村留守老人居住地周围安装相关监控设备，为留守老人提供日常生活安全服务。

（四）权益维护服务

农村留守老人是一个特殊的弱势群体，由于农村留守老人维权机制不健全以及维权意识薄弱，致使农村留守老人的许多合法权益无法得到应有保障。权益关爱服务是围绕农村留守老人合法权益提供保障性关爱服务，应对农村留守老人晚年发生的老年风险。农村留守老人权益关爱服务主要有：第一是权益保障教育服务，通过经常组织法律志愿者为农村留守老人提供法律常识宣传，提高农村留守老人权益保障意识和法制化水平；第二是维权服务，在农村社区设置维权定点服务，定期为农村留守老人提供维权问题解答、帮助和咨询；第三是法务服务，加强法律服务平台建设，拓宽留守老人申请和获得法律援助的渠道，鼓励律师事务所、公证处、司法鉴定机构、基层法律服务所等法律服务机构为农村留守老人提供免费或优惠服务，努力为农村留守老人开辟诉讼绿色通道。

（五）精神关爱服务

随着老龄化、高龄化、空巢化的不断发展，农村留守老人心理疾病问题与精神慰藉需求日益突出，据有关学者研究表明，49.3%的农村留守老人存在心理问题，[①] 而精神关爱服务供给却难以满足老年

---

① 刘梅等：《农村留守老年人心理健康状况影响因素研究》，《医学与哲学》2015年第10期。

人日益增长的精神需求，因此健全农村留守老人精神关爱服务，为老年人提供更为全面、多样化的精神关爱已迫在眉睫。精神关爱服务是围绕农村留守老人文化教育、精神慰藉、休闲娱乐等内容提供精神文化类关爱服务，应对农村留守老人家庭风险和子女风险。农村留守老人精神关爱服务主要有以下几个方面：第一是日常精神关怀服务，通过定期组织留守老人使用电话、微信等通信工具与外出子女进行交流，满足农村留守老人亲情关爱需求；第二是文体活动服务，通过定期开展文化体育娱乐等贴近留守老人生活、符合留守老人特点的活动，丰富农村留守老人精神文化生活，满足留守老人文体活动和社会参与的需求；第三是老年教育服务，通过在农村社区开设老年书屋、老年讲堂、老年兴趣班等，提高农村留守老人的文化素养和满足教育需求。此外，加强农村社区老年人运动健身场地和老年娱乐场所建设，积极组织留守老人参加全民健身，扩大老年人社会参与，支持老年人以适当方式参与经济发展和社会公益活动，[1] 广泛开展老年志愿服务活动，不断探索"老有所为"的新形式。

第三节 农村留守老人关爱服务供给主体与工作机制

一 供给主体

党的十八大以来，党中央高度重视留守老年人关爱服务工作。民政部坚决贯彻落实党中央、国务院决策部署，高度重视农村留守老年人关爱服务工作，大力推进农村养老服务体系建设。要真正建设好农村留守老年人关爱服务体系，最重要的是各主体定好位、定准位。

在职责界定上，强化家庭和子女在赡养、扶养留守老年人中的主体责

---

[1] 国务院：《国务院关于印发中国老龄事业发展"十二五"规划的通知》，http://www.gov.cn/zhengce/content/2011-09/23/content_6338.htm。

任和法定义务，落实县乡两级政府在维护留守老年人权益中的基本职责，充分发挥老年人组织、村民互助服务组织、社会工作服务机构作用，建立健全家庭尽责、基层主导、社会协同、全民行动、政府支持保障的农村留守老年人关爱服务体系。

以政府为主导规范农村留守老人关爱服务。关爱服务是全体农村留守老人的共同需求，政府作为社会公共权力主体，对农村留守老人问题的解决承担着主要的责任和义务。政府应在制度保障、实施推动、财政支持等方面积极推进农村留守老人关爱服务体系建设。首先，转变政府职能，改变管理方式，以政策作为引导，做好制度保障，推进农村留守老人关爱服务的规范化。注重资金支持，开拓资金渠道，建立专项基金，为农村留守老人关爱服务体系提供财政保障，加快关爱服务基础设施建设。其次，政府要提供优惠政策，鼓励多主体进入留守老人关爱体系，为农村留守老人提供丰富的关爱服务。最后，政府应协调社会、村集体、家庭等各方力量，整合各方资源，为农村留守老人提供优质的关爱服务。

以社会参与为支撑拓展农村留守老人关爱服务。鼓励公益性社会组织、社会工作者积极参与农村留守老人关爱服务工作，为老年人提供专业的服务。充分发挥老年协会等基层老年人自治组织的积极作用。为了确保农村留守老人关爱服务队伍的连续性，壮大关爱农村留守老人志愿者队伍，加大对志愿者招募和培训力度，动员广大志愿服务组织和志愿者与农村留守老人结对帮扶，为农村留守老人提供生活照料、生产帮助、精神慰藉、医疗保健、法律援助、安全服务、文化娱乐等关爱服务。

以村集体为依托夯实农村留守老人关爱服务。村集体是农村留守老人关爱服务的主要平台。村集体作为老人和其他服务主体的连接点，起着资源整合及分配的重要作用。村委会可利用贴近老人的优势，入户调查了解农村留守老人的基本信息（年龄、性别、婚姻情况、居住情况、收入水平、子女情况等）和具体的关爱服务需求（需求类别、参与方式等），完善农村留守老人数据库资料，为关爱服务项目供需匹配提供参考。此外，村委会可以作为政府与农村留守老人之间的桥梁，通过对留守老人的入门拜访及时获取留守老人的需求信息，把政府提供的多种服务资源按需分配给留守老人。同时开展关爱服务跟踪调查，做好信息收集及反馈，监督服务质量。

以家庭为基础保障农村留守老人关爱服务。农村留守老人养老赡养主体责任在家庭，子女或其他赡养义务人要依法履行对老人的赡养义务。子女因外出务工等原因不能履行赡养义务的，应委托亲属等其他有能力的人代为照顾并妥善安排老人生活，同时向村（居）民委员会及时、如实报告去向、联系方式等信息。此外，对于农村留守老人的服务需求，子女应作为首要的提供者，关爱农村留守老人，外出的子女应适当花钱购买相应的服务，做好留守老人的关爱服务工作。同时要引导农民工返乡创业就业，大力开展创业、职业技能、岗位技能提升、农村实用技术等创业就业技能培训。充分发挥家庭血缘关系，填补农村留守老人的心理慰藉，提倡老人与子女同住或者就近居住，使家人成为固定的服务人员，避免服务队伍流动性带来的不便，为农村留守老人提供切实满意的服务。

二　供给工作机制

建设农村留守老年人关爱服务体系，各地要建立健全党委领导下的政府支持、部门协同配合、社会力量广泛参与的农村留守老年人关爱服务工作机制。

建立政府资源投入机制。政府财政每年预算安排一定资金用于政府购买社会公共服务，采取委托专业社会组织运营的方式推动农村留守老人关爱服务体系的建设，购买服务费用随地方经济社会的发展合理增长；坚持方便群众的原则，设立关爱服务办公场所，配置必要的办公设施设备，为农村留守老人提供关爱服务。

建立工作统筹协调机制。由乡镇政府分管领导负总责，民政办牵头召集，公安部门、司法部门、人力资源和社会保障部门、卫生计生部门、扶贫部门与老龄工作机构为成员单位，统筹协调农村留守老人关爱服务体系建设工作，研究解决农村留守老人关爱服务体系建设中存在的问题和困难，推动农村留守老人关爱服务体系建设。社区相应建立农村留守老人关爱服务制度，统筹协调辖区农村留守老人关爱服务体系建设工作。

建立社会力量参与关爱服务机制。充分发挥密切联系群众的优势，倡导和动员社会力量积极参与农村留守老人的关爱服务活动；充分利用网络资源优势搭建专业性、开放性的社会关爱服务信息平台，链接企业、社会组织、媒体等资源，实现农村留守老人需求与政府救助资源、社会关爱服务资源高效对接，形成政府支持和社会力量的有机结合，为农村留守老人提供多样化、个性化关爱服务。

建立援助信息公开机制。利用建立的社会关爱服务信息发布平台，及时向社会公开关爱服务对象、关爱服务体系资金运用状况以及取得的实际效益等关爱服务信息，主动接受行政监管、社会监督、舆论监督、群众监督，提高关爱援助公信力。

建立绩效综合评价机制。由民政办对接第三方机构对相关政府部门与社会组织从行政监管、服务成效、项目管理、社会影响等方面对农村留守老人关爱服务体系建设提供的服务进行综合性评估，确保农村留守老人关爱服务体系工作取得实效。

第四节 农村留守老人关爱服务体系架构与保障机制

一 农村留守老人关爱服务体系架构

构建农村留守老人关爱服务体系顺应新时代和乡村振兴战略，不仅能够满足农村留守老人的迫切需要，应对农村日益严重的人口老龄化问题，而且可以充分利用乡村振兴战略带来的机遇，调动各类主体，协调多方资源，建立健全关爱服务体系，为留守老人提供大众化、多层次、个性化的高质关爱服务，提高农村留守老人抵御老年风险的能力，提升农村留守老人获得感、幸福感和安全感。

因此，农村留守老人关爱服务体系构建是以习近平新时代中国特色社会主义思想为理论基础，以留守老人特别是失能、半失能老人为关爱对象，以政府、社会组织和家庭为责任主体，以提供关爱服务为出发点，以提升农村老人老年风险抵御能力为目标，以提升农村留守老人获得感、幸福感和安全感为目的，以动态信息、经费投入、人才队伍、监测评估为保障机制，以政府主导、社会参与、社区依托、家庭基础为服务模式（见图 8-1）。

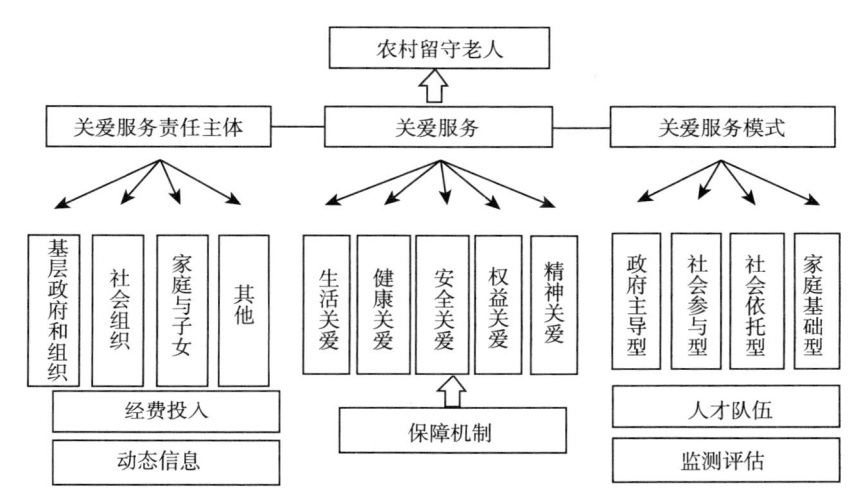

图 8-1 农村留守老人关爱服务供给模式

农村留守老人关爱服务体系由四个部分组成，首先，根据农村留守老人的身体状况，将农村留守老人划分为完全自理、半自理和完全不能自理三类，并据此制定不同层次的关爱服务内容及关爱形式，以满足农村留守老人个性化的需求。其次，以基层政府、社会组织、农村社区以及家庭子女为责任主体，提供生活关爱、健康关爱、安全关爱、权益关爱以及精神关爱五个方面的农村留守老人关爱服务。再次，关爱服务的提供可通过政府主导型、社会参与支持型、农村社区依托型以及家庭基础型四种关爱服务模式。最后，建立健全农村留守老人关爱服务体系四种保障机制，即动态信息保障、经费投入保障、专业人才队伍保障和监测评估保障机制。

建立健全农村留守老人关爱服务体系重点在服务内容，留守老人服务内容不仅要关注基础性、生存性、物质性的基本关爱服务，更要注重发展性、精神性关爱服务。农村留守老人关爱服务应先以向完全不能自理的留守老人提供生活照料以及健康关爱等基础物质关爱为出发点，逐步向精神关爱服务推进，最终面向全体农村留守老人提供全面关爱服务。建立健全农村留守老人关爱服务体系需要多方力量的共同参与、共同努力。

二 建立农村留守老人关爱服务保障机制

建立动态信息保障机制。为监管农村留守老人关爱服务平台，建立农村留守老人动态数据库，对农村留守老人进行个人信息和关爱服务需求的调查和统计。为提供关爱服务的责任主体提供及时有效的需求信息，进而保障关爱服务的高效实施。同时利用村的优势，定期对农村留守老人进行走访更新数据。村还可以通过与卫生院（医院）合作，建立农村留守老人健康电子档案，并定期检查更新。档案除农村留守老人基本身体状态外，还包括农村留守老人的心理和精神状态。定期对农村留守老人体检，确保提早预防，提早治疗。另外，将重点留守老人单独建档，依照重点留守老人不同的特点，及时提供不同的关爱服务，在保证大众化关爱需求的基础上，尽量满足个性化关爱服务需求，促进农村留守老人身心健康。

建立经费投入保障机制。为了确保农村留守老人关爱服务体系的有效运行，应建立经费投入保障机制。为保证农村留守老人关爱服务体系资金来源的常态化，政府应将农村留守老人关爱服务体系纳入财政预算，保证持续的财政投入，拨专款用于农村留守老人关爱服务体系及相关服务设施的建设，逐步形成制度化的财力投入机制。同时，通过政策引导，鼓励社会资源参与留守关爱服务，开拓资金投入渠道，加大资金的投入量。如通过制定优惠税费政策吸引企业家等民间资本投资农村留守老人关爱服务，开发农村留守老人关爱服务产品，建立老年教育机构等；设立专项资金，用于农村留守老人关爱服务体系的构建和发展；从社会福利彩票和体育彩票中，划出部分收入用于发展老年文体服务等。

建立人才队伍保障机制。为确保农村留守老人关爱服务队伍的稳定性、长期性，需建立人才队伍保障机制。目前，从事农村留守老人关爱服务的专业人才稀少，因此，要加快专业人才队伍建设，保证农村留守老人关爱服务的质量。依托专业化、社会化培训机构，建立农村留守老人关爱服务职业人员的培训基地，并鼓励有条件的各类院校和职业教育机构开设老年心理学、老年护理等课程，以自愿从事留守老人关爱服务工作的人群为基础，积极培养能从事关爱服务工作的专业人才，为关爱服务的长远发展提供基本的人才保障。倡导有社会工作专业背景的高端应用型人才，积极投入到农村留守老人关爱服务体系的管理中，促进关爱服务体系的高效运转。此外，应该成立社会服务基层组织，以留守妇女为主要培养对象，积极倡导留守妇女通过专业的培训学习，从事留守老人关爱服务照料工作。积极与社会组织合作，发掘愿意从事农村留守老人关爱服务的志愿者。同时充分利用农村留守老人有相同生活背景、生活理念等优势，动员低龄老年人参与留守老人关爱志愿服务。

建立监测评估应急保障机制。为确保农村留守老人关爱服务体系的服务质量，应建立监测评估应急保障机制。监测评估应急保障机制是对应管理体系的全方位、系统性评价和检测。监测评估应急处置机制的健全是确保农村留守老人关爱服务顺利实施的关键。同时，也是对关爱服务质量的一种监测评估手段，确保关爱服务体系健康有效的运行。要根据农村留守老人的经济收入、赡养、健康等情况，由县级人民政府每年至少组织开展1次农村留守老人风险等级评估。民政、公安等部门要根据监测评估情况及时采取有针对性措施排除隐患、实施救助关爱，对独居、失能、贫困、高龄等特殊困难农村留守老人要随时跟踪掌握情况并及时实施关爱救助，做到发现、报告、转介、救助工作有效衔接。县级人民政府要建立"信息畅通、流程清晰、统一指挥、职责明确、快速响应、处置有效"的快速反应和应急处置机制，完善突发事件应急预案。

第五节　农村留守老人关爱服务体系技术与政策保障

一　建设技术保障

首先，利用智能健康产品创新和应用[1]实时监测老年人的个人体征数据，包括心率、血压、血糖、血氧等，从终端发送数据至大数据云计算技术搭建的公共信息平台，在此平台上为农村留守老人提供长期跟踪、预测

---

[1] 屈芳、郭骅：《"互联网+大数据"养老的实现路径》，《科技导报》2017年第16期。

预警的、"服务到家"的个性化健康管理服务,并为其提供个性化的关爱服务。不同于以往的养老模式,由大数据驱动的关爱服务能在疾病预防、精神慰藉、安全预警等方面为老人提供"预先服务"。这些"预先服务"对标老年人未能自我发觉的隐藏需求,比如根据老年人近期多个生理指标的变化,结合人工智能评估,提前发出提醒并提供对应关爱服务或医疗干预,防止突发性疾病或慢性病急性发作对老年人的身体健康造成打击。[1]

其次,采用大数据技术协助构建新常态下的智慧养老生态链,建立以提供居家养老服务为主要内容的呼叫系统和网络服务平台,以"智慧社区"建设为依托,创新社区居家养老关爱服务模式。[2]借助信息通信网络实现实时呼叫服务,开展智能养老、远程医疗、心理咨询等服务。使"互联网+大数据"养老平台以统一的数据接口、业务标准和信息安全管理规范统筹整合既有养老业务系统和各种创新的关爱服务,[3]形成业务和技术上的共性能力,支撑养老服务的运营管理、数据分析和业务应用。

最后,基于大数据智慧养老生态链,以老年人为中心、以家庭为单位、以信息技术为载体,建立符合农村留守老人需求的关爱服务体系。通过数据收集、信息传输、数据处理、评估决策、实施干预等系统,结合大数据技术,整合家庭、社区、医院、网络等多方资源,不断提升"互联网+大数据"关爱服务的规范化和标准化水平,为农村留守老人搭建全方位的关爱服务综合平台,完善农村留守老人关爱服务体系。

二 政策保障

第一,提升保障能力。加强乡镇福利院基础设施建设,在满足农村五保对象集中供养需求的同时,向有需求的农村高龄失能留守老年人开展代养服务。农村的养老服务,其养老服务的建设长期缺失和滞后,无法与养

---

[1] 王梦婕等:《推动大数据背景下精细化医养结合养老模式》,《中国老年学杂志》2018年第15期。

[2] 田帝等:《基于大数据的老年人居家养老云服务平台构建策略》,《中国老年学杂志》2019年第7期。

[3] 王鑫、王明寿:《大数据背景下社区养老服务体系的协同构建研究》,《兰州大学学报》(社会科学版)2020年第1期。

老需求相匹配。① 继续推进农村互助照料中心和农村幸福院建设，为农村老年人特别是经济困难的高龄、失能农村留守老年人提供就近便利的日间照料服务或开展互助式养老，全面提升农村养老服务水平。充分发挥农村各类公共服务设施在留守老年人关爱服务中的支持作用。支持农村卫生服务中心为农村留守老年人提供健康管理、基本医疗和长期护理等服务。支持农村综合性文化服务中心、农村社区综合服务设施、老年学校、党员活动室等公共服务设施建设，鼓励其面向留守老年人提供个性化关爱服务。地方各级财政要优化和调整支出结构，支持做好留守老年人关爱服务工作。鼓励有条件的地区将村集体收入按一定比例用于农村留守老年人关爱服务。

第二，营造良好氛围。大力宣扬积极老龄化理念，倡导健康生活理念，开展健康生活知识教育，引导农村留守老年人保持身心健康。强化家庭养老的责任，加强农村年轻人的孝道教育，增强子女的"孝"文化意识，通过开展"五好家庭"和"敬老好儿女、敬老好媳妇、敬老好女婿、敬老好贤孙"等评选活动，宣传先进典型，弘扬社会正气，从而形成全社会关爱老年人的良好风尚。② 加强《老年人权益保障法》及实施办法等法律法规宣传，提高子女或其他赡养人守法意识，督促落实赡养义务。加强孝亲敬老传统美德宣传，形成互帮互助、助老爱老的良好风尚，营造全社会正确对待、积极接纳、关心关爱留守老年人的友好环境。

第三，加强督促检查。县、乡两级政府要切实落实在维护留守老年人权益中的基本职责，适时对工作落实情况开展督促检查并通报情况，对底数不清、风险隐患排查不扎实、突发事件处置不及时、关爱服务流于形式的要严肃处理。有关部门将及时研究解决工作推进中的问题和矛盾，认真总结、推广好经验、好做法，引导各地创新工作方法。

---

① 叶欣：《关爱农村留守老人 共建有效服务体系》，《中国社会报》2018年4月23日第2版。

② 朱晓进：《加强关爱服务 让农村留守老人安度晚年》，《人民政协报》2018年5月28日第5版。

第九章

大数据战略下农村留守老人养老服务供给路径：以贵州省为例

贵州省已进入老龄化社会，老年人口数量不断增长，老年人口抚养比不断上升。第七次人口普查显示：贵州60岁及以上人口为5931357人，占15.38%，其中65岁及以上人口为4456455人，占11.56%；与2010年第六次全国人口普查相比，60岁及以上人口的比重上升2.54个百分点，65岁及以上人口的比重上升2.99个百分点。[①] 截至2020年，贵州省65周岁及以上老年人口占比为11.5%，比2015年增长了1.3个百分点，老年人口抚养比从15.1%增加到19.0%，增长了3.9个百分点（见表9-1）。贵州省65周岁及以上老年人口数及其占比逐年上升，老年抚养比不断上涨。

表9-1　近五年贵州省65周岁及以上老年人口数及其占比、老年抚养比

类别	2015年	2016年	2017年	2018年	2019年	2020年
65周岁及以上人口数（万人）	360	366.9	372.3	379.1	390.6	445.6
占总人口比重（%）	10.2	10.3	10.4	10.5	10.8	11.5
老年抚养比（%）	15.1	15.3	15.5	15.7	16.1	19.0

资料来源：《贵州省统计年鉴》。

目前，我国已形成了以居家为基础、社区为依托、机构为补充、医养结合的基本养老服务体系。[②] 随着大数据、互联网的使用以及智慧城市的发展，养老模式也需要与时俱进。贵州省的经济发展总体水

---

① 贵州省统计局：《贵州省第七次全国人口普查公报（第四号）》，http://stjj.guizhou.gov.cn/rdzt/dqcqgrkpc/pcgb/202105/t20210525_68266533.html。

② 张程、李洁：《国内外智慧养老现状及标准化研究》，《中国标准化》2018年第20期。

平相对落后，部分老年人的经济供养需求、生活照料需求、精神慰藉需求等得不到较好满足。这都导致传统的居家养老模式压力较大、老年人的养老服务需求得不到较好满足，因此，十分有必要开辟一条新的路径以满足贵州省老年人对养老服务的多样化需求。

大数据作为高科技时代的产物，其革命性影响正逐渐渗透于各个领域，养老服务作为公共服务领域的重要组成部分也不例外。大数据作为一项重要的决策与管理资源，具有大量（Volume）、高速（Velocity）、多样（Variety）、低价值密度（Value）、真实性（Veracity）的5V特征，这使得大数据在养老服务领域的应用中可以有效推动"智慧养老"模式的发展，实现贵州省老年人养老服务由粗放式供给向精准化、智慧化供给转变。贵州省自2014年开始全面发力发展大数据，并于2015年将"大数据"列为贵州省三大战略行动之一。凭借着得天独厚的气候条件、地理位置以及人文社会优势，贵州省吸引了众多大型企业在此设立数据中心，存储了一批国际级、国家级、行业级的数据，并于2016年获批建设成为我国首个国家大数据综合试验区，逐渐成为全国乃至全世界的大数据中心。

党的十九大报告指出要积极应对人口老龄化，构建养老、孝老、敬老政策体系和社会环境，推进医养结合，加快老龄事业和产业发展，并多次提到要推进国家治理体系和治理能力现代化，指出"要善于运用互联网技术和信息化手段"[①]。2019年4月，国务院办公厅印发了《关于推进养老服务发展的意见》，该意见指出，党中央、国务院高度重视养老服务。按照2019年政府工作报告对养老服务工作的部署，为打通"堵点"，消除"痛点"，健全市场机制，持续完善以居家为基础、以社区为依托、以机构为补充、医养相结合的养老服务体系，确保到2022年在保障人人享有基本养老服务的基础上，有效满足老年人多样化、多层次的养老服务需求，显著提高老年人及其子女的获得感、幸福感和安全感。因此，在贵州省积极发展大数据产业的

---

① 习近平：《决胜全面建成小康社会 夺取新时代中国特色社会主义伟大胜利——在中国共产党第十九次全国代表大会上的报告》，人民出版社2017年版。

背景下,探索老年人养老服务的供给路径是公共服务供给侧改革的重要组成部分,不仅有利于实现贵州省养老服务的智慧化供给、满足不同老年人的养老需求,同时也是对国家改革创新发展理念的积极响应,在应对人口老龄化、保障老年人晚年幸福生活以及解决社会主要矛盾等方面具有重要的现实意义。

第一节 大数据在留守老人关爱服务供给中的应用意义

一 创新传统供给方式

农村留守老人关爱服务供给主要由居家、社区以及机构养老服务供给构成。贵州省农村留守老人的居家养老服务相对缺乏,为老年人提供的心理呵护和精神慰藉等服务更是明显供应不足;社区养老服务存在资金、空间和人员等方面的条件限制,难以提供多层次、专业化的服务;各类养老机构的服务水平参差不齐,许多养老机构发展落后,基础设施简陋、服务功能单一、提供服务不规范,难以满足老年人生活照料、医疗护理、心理慰藉等综合需求。此外,从供给效率来看,供给缺失和大量资源的闲置浪费现象并存,养老服务效益低下。在老年人养老服务体系建设中,由于缺乏对技术手段的总体设计和长远规划,特别是对于居家养老来说,老年人分散居住在千家万户,传统人对人的服务无法很好地支撑养老需求。此外,无论是居家养老服务还是社区、机构养老服务,对智能化手段的运用也只是停留在呼叫器、监控摄像头等初级手段上,将大数据运用在贵州省农村留守老人养老服务的供给中,有利于弥补传统供给方式存在的不足,是对传统供给方式的创新。

二 有利于提高供给决策的科学化水平

诺贝尔经济学奖获得者赫伯特·西蒙在他的《管理行为》一书中

提出了"人有限度理性行为"的命题,他认为,现实生活中作为管理者或决策者的人是介于完全理性与非理性之间的"有限理性"的管理者。① 由于管理者这种"有限理性"的限制,完全理性的决策难以实现。他还提出,不同类型的决策需要不同的决策技术,因此,基础数据和相关信息作为有力的决策基础,是使决策更加科学合理的重要根据。贵州省农村留守老人由于地域分布范围广,且不同家庭状况、不同生活环境、不同生活习惯的老年人对养老服务的需求也不同,这对养老服务供给决策的科学化水平提出了更多要求。大数据作为一项十分重要的现代技术,它所具有的信息收集整合与分析预测能力是实现决策科学性的重要保障,在农村留守老人关爱服务供给的决策过程中,通过为决策者搜集分析大量实时有效的数据信息并形成预测,大数据将显著提高养老服务供给决策的科学化水平。

三 有利于促进养老服务供给公平性

农村留守老人关爱服务的有效供给首先在区域层次上存在缺失,贵州省作为经济发展水平相对落后的欠发达地区,存在基础设施建设落后、医疗资源供给不足等缺陷。其次,在群体层次上,农村留守老人关爱服务作为社会弱势群体和边缘群体,受到制度因素、资源匮乏、思想闭塞等因素的影响,难以享受到同等的关爱服务。通过对数据信息进行整合分析,大数据技术能够得到以人口信息为核心的关键数据以及目前服务机构和服务设施的分布状况,精确掌握养老服务资源过于集中的地区以及相对匮乏的地区,因此,嵌入大数据技术的资源配置效率会远远高于传统配置方式。基于大数据提供的数据分析情况,政府在制定服务资源配置方案时能够有效避免将"平均性"指标替代"均等化"标准,有利于养老服务资源向包括贵州省在内的欠发达地区以及困难群体倾斜,使得资源能及时流向有需要的重点人群,促进农村留守老人关爱服务供给的公平性。

---

① [美]赫伯特·A. 西蒙:《管理行为》(珍藏版),詹正茂译,机械工业出版社2013年版。

四 有利于实现农村留守老人关爱服务的精准化供给

公众需求根据层次的差异，在微观上以个体的主观满意度为形式呈现；中观上为群体的共同需求，并呈现出组内强同质性和组间强异质性的特征；宏观上则表现为公共利益。[①] 农村留守老人对关爱服务的需求识别类型比较单一，最主要的原因就是原有的关爱服务供给模式难以针对不同群体的差异性需求进行有效区分和识别。政府在追求标准化服务时，往往会基于区域整体的发展指标，遵循统一的服务供给范围、标准和政策原则，再加上技术、制度、观念等因素的影响，需求主体的个性化、差异化需求极易被忽视，也就很难做到通过富有弹性的机制使养老服务满足不同状况留守老人的个性化需求，关爱服务供给的精准性欠缺。在大数据背景下，数据成为国家的重要战略资源，政府通过创新数据收集、整合分析的技术以及供需信息及时匹配，建立大数据存储分析系统和数据信息共享平台，打破"数据壁垒"，实现跨地域、跨部门、跨层级的数据资源共享，推进养老服务定制化、个性化供给、精准化供给。

五 有利于留守老人更加便捷地享受关爱服务

大数据时代，公众对互联网的依赖程度日益提高，越来越多的公众通过网络平台获取相应服务，但需要注意的是，农村留守老人关爱服务作为社会弱势群体，受到居住环境、交通条件以及受教育水平等因素的制约，其社会参与度较低，在享受关爱服务时往往会遇到困难，这就要求供给主体给予他们更多的关注与帮扶。通过构建贵州省农村留守老人关爱服务的大数据供给机制，建立从需求采集到服务供给的数据处理平台，借助云计算、物联网、移动终端等现代技术，让留守老人足不出户就能享受到包括生活照料、家庭医生、远程监测、精神慰藉等在内的养老服务，真正做到"让数据多跑腿，让老人少跑路"。

---

① 成美君、周昌群：《大数据时代下贵州养老服务业发展的机遇与挑战》，《现代商业》2017 年第 17 期。

第二节 大数据在农村留守老人关爱服务供给中的应用前景与领域

早在20世纪90年代后期,信息化的养老服务形式就已经开始出现,但存在技术不够先进、数据信息分散、信息规格不一等限制。随着大数据时代的到来,通过云计算、物联网技术、移动互联网技术、现代通信技术、移动定位技术、流媒体(视频)传输技术、智能终端技术等,将大数据充分运用在贵州省农村留守老人关爱服务的供给中,将有效推动关爱服务供给由粗放式向精准性转变,特别是在生活服务、健康护理、安全监护、精神慰藉等方面,大数据技术在贵州省农村留守老人关爱服务供给中可以起到十分重要的作用。例如,云计算通过将信息计算分布在大量的分布式计算机上,应用主体能够根据需求访问计算机和存储系统,实现养老、医疗等各类数据的云存储、云计算以及云应用,这种数据云的建立能够解决数据分散且规格不一的缺陷,进而实现关爱服务的智慧化供给。

一 大数据在留守老人生活服务领域的应用

为老年人提供包括吃穿用度在内的基本生活服务是留守老人关爱服务最基础的组成部分。通过大数据信息采集与分析,对留守老人的生活自理能力等进行评估并将结果上传至云平台,根据每个老人的不同自理能力状况及其基本信息、关爱服务需求等状况,为其建立基本信息电子档案,运用云平台进行日常监测与管理,并提供健康膳食、上门照护以及保洁、家电维修等生活服务,将移动通信和互联网相结合,通过智能手机、PDA以及穿戴式终端等设备,满足留守老人对饮食起居等基本生活的需求。

二 大数据在留守老人健康护理领域的应用

利用物联网技术,通过智能床垫、智能地板、智能手环等"远程健康照护设备"，能够在老人跌倒或遇到其他突发状况时第一时间收到信息，以便及时提供医疗救助，此外，还能为留守老人提供如血压跟踪测量、远程心跳监控等日常监测，将测量结果通过移动互联网实时上传至健康监护云平台储存，利用云计算与大数据进行统计分析并生成个人健康状况反馈至老人和子女的移动终端，为不同需求、不同状况的老年人提供定制化服务。同时，展开与医疗机构的对接工作，当留守老人的某项健康指标超出正常范围时，云平台将以通信的形式通知预设监护人，并将日常监测数据结果呈现给医生，根据云平台的反馈数据，身体健康状况异常的留守老人能够得到及时的救治。此外，将流媒体（视频）传输技术应用在农村留守老人关爱服务的健康护理中，通过在老人家中、社区内或社区医院内安装摄像头，能够和远在外地的专家医生视频交互，实现远程医疗会诊，这为深处偏远地区、行动不便的留守老人提供了更便捷的就医方式。

三 大数据在留守老人安全监护领域的应用

运用移动定位技术并配备具有定位功能的终端设备，为农村留守老人关爱服务提供定位救助服务，当外出活动的老人身体不适或遭遇其他突发状况时，可以通过终端发出求救信息，服务平台工作人员可快速定位其所在位置，并协助家人、社工、110、120等开展救援；针对有智力障碍或失忆的留守老人，为其配置具有定位功能的终端设备，能够实现实时定位以防止老人走失，家人能够获取老人一天甚至几天内的行动轨迹，通过移动定位平台查找老人的实时定位。此外，可以在老人居住场所内安装跌倒报警器、人体传感器等设备，通过红外感应，在老人活动状态出现异常时，设备能够自动反馈数据至服务人员或家属处。

四 大数据在留守老人精神慰藉领域的应用

由于年龄的自然增长，农村留守老人关爱服务的生理机能不断退化，同时，受到知识体系及认知观念的影响，留守老人患心理疾病的风险较高，然而相对于其他群体来说，留守老人的心理问题更容易被忽视。长期缺乏子女或伴侣照护的留守老人更容易感到孤独，他们消极的心理状态如果得不到及时的慰藉与疏导，就极易发展成为精神疾病。现代网络通信技术通过提供呼叫中心应用以及老人亲情通话等应用，实现留守老人、空巢老人与外部的实时沟通交流；将流媒体技术运用在农村留守老人关爱服务的供给中，可以通过在留守老人家中安装摄像头，使记录的流媒体视频信息在服务平台的座席电脑、手机移动客户端以及互联网电视上播放，实现留守老人和服务人员的视频服务沟通。子女也可通过手机端查看留守老人家中的视频，实现老人和子女的视频聊天，这种实时的沟通不仅有利于快速了解老年人的心理诉求，同时也有利于及时疏导和慰藉老人的消极情绪，提供更加精准的精神慰藉服务。

第三节　大数据在农村留守老人关爱服务供给中的应用困境

一　思想上：传统理念占主导地位

农村留守老人关爱服务有效供给不足很大程度上是因为对留守老人关爱服务需求识别观念的缺失。首先，表现为由政策偏好导致的需求识别缺失，在政府的政策偏好上，关爱服务的供给往往让位于推动地方经济发展。其次，是由利益驱动导致的需求识别缺失，政府更偏向于用市场化手段解决关爱服务供给问题，这种市场化手段虽然丰富了供给形式，却也存在缺乏识别和满足需求的驱动力，这就会导致关爱服务的供给缺失。再次，供给主体对推进大数据在贵州省农村留守老人关爱服务供给中的重要性认识不足，对建设大数据与关爱服务中心及相关的组织管理工作缺乏统筹规划，因而大数据在关爱服务供给中仍旧处于无序的发展状态。最后，由于农村留守老人关爱服务信息利用的能力较低且信息需求缺乏，大部分留守老人存在与时代脱节的困境，包括智能手机、可穿戴设备等在内的移动终端作为"新鲜事物"无法真正融入老年人的生活。

二 经济上:资金投入力度不足

相比发达地区来说,欠发达地区老龄工作基础较为薄弱,特别是在留守老人关爱服务体系基础建设方面,更是远落后于全国平均水平。大数据在贵州省农村留守老人关爱服务供给中的应用是多方面的,此外,大数据技术涵盖了云计算、物联网技术、移动互联网技术、现代通信技术、移动定位技术、流媒体(视频)传输技术、智能终端技术等现代技术,这一体系的资金投入需求较大,但以贵州省为例的西部地区由于社会经济发展水平滞后的原因,农村留守老人关爱服务供给主体单一、建设资金不足、社会化程度低。截至2018年年底,贵阳市每千名老人拥有床位达33张,在其他市区,这一数值可能更低,这与"十三五"养老规划中"每千名老人养老床位35—40张"①仍有很大差距。同时,养老服务产业投资大回报周期长,短期的盈利水平较低,投资吸引力差,无论是建立养老院、养老服务中心等实体机构,还是在大数据的基础上构建产业链条,都需要大量的资金,但未能得到满足。

三 技术上:人才匮乏,应用不足

大数据在贵州省农村留守老人关爱服务供给中的应用处于起步和探索阶段,极度缺乏同时具有老年人养老服务知识以及大数据信息处理知识的复合型人才。截至2017年,贵州省有13所院校获批"数据科学与大数据技术"专业,仅占贵州省全部高校数量的18.6%。同时,部分企业缺乏对复合型人才的引进与培育意识,当前从事养老服务行业的人员和管理者大多是非专业性的,通过大数据服务平台提供的关爱服务质量更是难以得到保障。再加上地理因素、经济发展水平、工作环境等因素的影响,社会对从事欠发达地区涉老服务的专业

---

① 国务院:《国务院关于印发"十三五"国家老龄事业发展和养老体系建设规划的通知》, http://www.gov.cn/zhengce/content/2017-03/06/content_5173930.htm。

人才价值的认同感较低。大数据技术在养老服务供给中的应用程度不足、复合型人才的匮乏制约了大数据在贵州省农村留守老人关爱服务供给中的发展，从而阻碍了养老服务项目的扩展以及服务质量的进一步提高。

四 制度上：运行机制不够健全

现阶段有关大数据在各领域应用中的完整运行制度尚未建立，贵州省已出台关于大数据在涉老服务等领域应用的文件多为暂行办法或建设性意见，如《贵阳市政府数据共享开放条例》等，其指导作用十分有限。制度与政策的缺位使大数据在贵州省农村留守老人关爱服务的供给中呈现碎片化的发展趋势。与此同时，贵州省在现阶段的农村留守老人关爱服务大数据供给模式开发中，其线上平台虽然吸引了一批社会资本，但对各类平台的监管与引导相对滞后。大数据在贵州省农村留守老人关爱服务供给中缺乏运行和监督机制，未能形成有机的一体化发展模式。

五 立法上：相关法律法规的缺失

与数据安全相关的法律法规的缺失也是制约大数据助力贵州省养老服务发展的主要因素。数据安全防范意识差，导致一些敏感数据有泄露的风险，严重影响了老年人合法权益。2018年，《贵阳市大数据安全管理条例》颁布，作为全国首部也是唯一一部大数据安全管理地方性法规，它使得大数据在共享开放和数据安全两方面都有了法治保障。作为一项地方性法规，它能够更好地为贵阳大数据产业发展保驾护航，但从全省、全国的角度来说，大数据法律法规仍然是一片空白，建立相关的法律法规仍是未来一段时间内需要发展的重要工作。

第四节 大数据助力贵州省农村留守老人关爱服务的供给路径

一 供给的总体思路

贵州省农村留守老人关爱服务供给主体可以大致分为服务的供给方和需求方，其中，供给方主要由政府、社区、医院、养老院、其他非政府组织等组成，需求方主要是指老人及其家属等。将大数据应用在留守老人关爱服务供给中，首先是大数据的收集与存储，其次是需求信息的识别与决策，最后是实现关爱服务的精准供给。这一过程还必须要依托各种类型的大数据支撑、服务云平台的支持、互联网物联网的串联以及各类移动终端的使用等。大数据助力贵州省农村留守老人关爱服务供给的总体思路见图9-1。

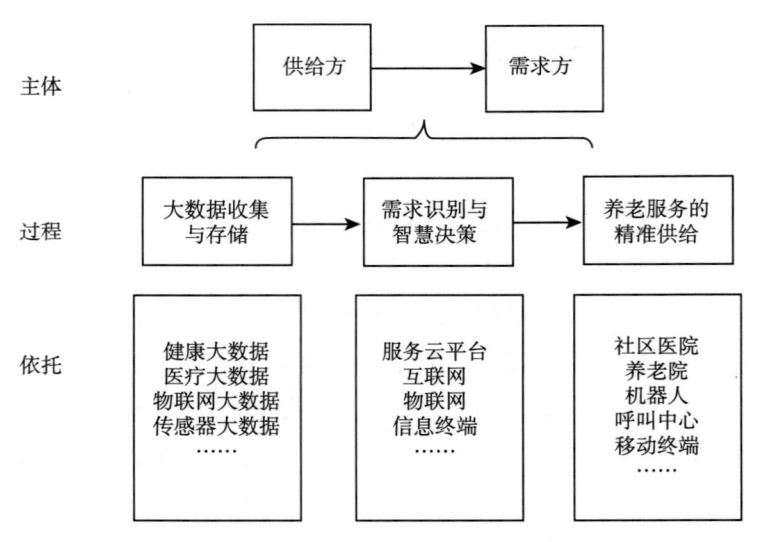

图9-1 大数据助力贵州省农村留守老人关爱服务供给的总体思路

二 供给的具体措施

第一，植入"大数据思维"，积极转变理念。从政府角度来说，将大数据思维嵌入贵州省农村留守老人关爱服务体系构建，让数据信息技术在关爱服务供给中发挥常态化作用。此外，要进一步扩大对大数据的宣传推广，积极探索面向留守老人的信息技术教育，根据留守老人的需求来确定教育目标，并依据留守老人的认知特点确定他们的学习模式，使留守老人了解数据信息技术在养老服务中的运用，引导他们学习使用互联网、智能手机、移动终端等。

第二，引进资金人才，积极加大投入。发挥政府的引领和推动作用，建立并完善涉老服务行业人才培养体系，通过政策引导吸引社会资金的投入，加快资金投入与人才队伍建设。首先，通过营造健康积极的金融环境，发起并设立从省级到市级层面的大数据涉老服务产业基金，鼓励符合条件的企业通过上市融资、发行企业债、融资租赁等方式筹集发展资金。其次，积极开展对贵州省留守老人关爱服务人员的教育培训，拓宽服务人员的来源渠道，逐步提高一线护理人员的待遇，建立起一支稳定且具有较高职业素养的从业队伍，为贵州省涉老服务行业提供优质的人员保障。最后，政府可以与高等院校、大数据技术企业开展合作，对同时具有养老服务知识与大数据知识的复合型人才给予更多支持。

第三，构建合理的运行机制，实现多主体参与的实施与监督。贵州省农村留守老人关爱服务的合理供给要求各职能部门在原有纵向沟通的网络基础上建立起横向信息整合网络，公开、共享、互联的大数据网络是贵州省农村留守老人关爱服务精准化供给得以实现的重要前提；基于大数据治理的多主体合作网络是推进关爱服务供给改革的基本保障；多元协同的供给模式是纠正碎片化供给的首要措施。构建多主体的实施与监督机制，一是要理顺中央政府与地方政府之间的财权和事权关系以及对财政制度的改革；二是政府部门、社会组织、高校科研机构等多元主体应当从实务、技能、理论方面围绕人才培养、技术创新建构合作机制与培养体系；三是行政力量、市场力量、社会力量等在贵州省留守老人关爱服务提供、软硬件生产开发、消费等不同维度中要形成伙伴关系；四是建立跨部门、跨区域、跨层级的监督管理机制。

第四，注重数据安全，构建法律保障体系。在运用大数据手段为留守老人提供关爱服务方面，只有信息安全得到了有力保障，老人及其子女才能放心享受这种新型养老模式。促进大数据、云计算、物联网广泛应用，大数据由于发展领域新、涉及面广、专业性强，更加需要立法加以规范，对涉及个人隐私、商业秘密、国家机密的数据信息的保护仍缺乏强制性的法律保护。对此，应积极推动立法以保障数据安全，确保留守老人及其家属的信息不外泄，明确数据安全的责任主体，用法律武器坚决打击非法获取、盗用数据的行为。

第五，建立服务云平台，实现动态化管理。通过构建服务平台，将海量的留守老人基本信息及相关要素信息收集整合在一起，将这些分散的、零碎的信息存储进一个系统化的数据库，为老人提供精准的养老服务。按照高效、便捷和广覆盖的原则，建立从省级到市级层面的大数据平台，将农村留守老人的基本信息、电子健康档案、电子病历等信息纳入数据库，在有效保护其隐私的前提下，实现政府、企业与社会组织等主体之间数据信息的共建共享，实现数据信息的动态管理，建立由管理平台、呼叫中心、养老应用、手机客户端、智能终端等子系统构成的养老服务系统。一方面，服务云平台能够实现对留守老人差异化需求的精准识别；另一方面，平台通过鼓励可持续的精准化供给，实现供需同步匹配。首先，通过实时数据的采集，及时更新留守老人的需求信息，识别需求变化并预测需求在一段时期内的变化趋势；其次，强调对留守老人的"赋权"，保障多元需求主体的意愿表达，精准识别留守老人的需求；再次，通过服务云平台以及互联网平台，充分调动养老服务资源，实现资源整合有效、信息交互顺畅并及时更新、资源共享与跨部门合作，解决传统供给方式存在的部门分割、资源约束、协作困难等管理困境，及时精准地满足服务需求；最后，建立电子政务交互机制，通过实时政务互动平台，需求主体能够及时表达养老服务需求，供给主体可以及时获取需求信息，从而实现供需的快速对接与匹配。

  第六，积极开发智能产品，健全设施设备。完善的设施设备是将大数据运用在贵州省农村留守老人关爱服务中的关键要素之一。养老服务设施不仅包括服务信息平台，还包括与物联网等相关的各类基础设施、医疗设备、移动终端。利用现代科技推动关键技术的研发，开展老年人可穿戴设备、紧急呼叫监控、家庭服务机器人等智能软硬件产品的研发与应用，打破传统养老服务供给桎梏以及居家社区养老、机构养老之间的界限，建立老人、家属、社区和各类服务机构的多方联动机制，为留守老人提供定制化的"一站式"新服务，提高关爱服务的供给效率，促进养老服务供给的创新性变革，打通养老服务的"最后一公里"。

参考文献

一 中文著作

陈功：《社会变迁中的养老和孝观念研究》，中国社会出版社2009年版。

陈向明：《质的研究方法与社会科学研究》，教育科学出版社2000年版。

吴玉韶：《中国老龄事业发展报告（2013）》，社会科学文献出版社2013年版。

习近平：《决胜全面建成小康社会 夺取新时代中国特色社会主义伟大胜利——在中国共产党第十九次全国代表大会上的报告》，人民出版社2017年版。

姚远：《中国人口年龄结构变化及老年人问题研究》，中国人口出版社2007年版。

叶敬忠、贺聪志：《静寞夕阳：中国农村留守老人》，社会科学文献出版社2008年版。

周福林：《我国留守家庭研究》，中国农业大学出版社2006年版。

［德］费迪南德·滕尼斯：《共同体与社会》，林荣远译，商务印书馆2000年版。

［美］赫伯特·A.西蒙：《管理行为》，詹正茂译，机械工业出版社2013年版。

［美］托马斯·奥戴：《宗教社会学》，刘润忠译，宁夏人民出版社1989年版。

二 中文论文

艾丽丽等：《关于角色冲突理论模型的文献综述》，《考试周刊》

2011年第62期。

闭伟宁：《改革开放与基督教在我国沿海农村的变迁——基督教在斜侨镇发展状况调查与思考》，《武汉大学学报》2001年第5期。

陈美萍：《共同体（Community）：一个社会学话语的演变》，《南通大学学报》2009年第1期。

陈芳、方长春：《从"家庭照料"到"生活自理"——欠发达地区农村老年照料问题研究》，《山西师大学报》2013年第4期。

陈纪：《论城市化进程与民族地区文化冲突的类型》，《新疆社会科学》2010年第5期。

陈清兵：《创新安徽农村留守老人的养老保障思路——基于土地流转的思考》，《安徽农业科学》2009年第17期。

蔡蒙：《劳务经济引致下的农村留守老人生存状态研究——基于四川省金堂县竹篙镇的实证分析》，《农村经济》2006年第4期。

杜鹏、丁志宏等：《农村子女外出务工对留守老人的影响》，《人口研究》2004年第6期。

杜鹏等：《流动人口外出对其家庭的影响》，《人口研究》2007年第1期。

杜鹏、武超：《中国老年人的生活自理能力状况与变化》，《人口研究》2006年第1期。

冯必扬：《社会风险：视角、内涵与成因》，《天津社会科学》2004年第2期。

芳菲：《劳动力迁移过程中农村留守老人的精神慰藉问题探讨》，《农村经济》2009年第3期。

郭红梅：《统筹推进农村留守儿童老人关爱服务体系建设》，《中国人大》2017年第19期。

胡强强：《城镇化过程中的农村"留守老人"照料》，《南京人口管理干部学院学报》2006年第2期。

韩梅、侯云霞：《河北省农村老年人生活状况研究——基于河北省XJ市JC镇的调查》，《河北农业科学》2009年第3期。

贺聪志、叶敬忠：《农村劳动力外出务工对留守老人生活照料的影响研究》,《农业经济问题》2010年第3期。

洪修平:《儒佛道三教关系与中国佛教的发展》,《南京大学学报》2002年第3期。

李春艳、贺聪志:《农村留守老人的政府支持研究》,《中国农业大学学报》2010年第1期。

李乐:《健全农村"三留守"人员关爱服务体系的建议》,《新西部》2014年第14期。

李云新、刘然:《农村留守老年人关爱服务体系建设研究》,《安徽行政学院学报》2017年第5期。

李俊梅、余维祥:《农村打工经济发展对城市GDP贡献的实证分析——以贵州省50个国家级贫困县为例》,《农村经济》2006年第11期。

李强:《中国外出农民工及其汇款之研究》,《社会学研究》2001年第4期。

李向平:《社会化,还是世俗化?——中国当代佛教发展的社会学审视》,《学术月刊》2007年第7期。

李文祥:《我国少数民族农村社区的社会保障统筹研究——以剌尔滨鄂伦春族为例》,《社会科学战线》2010年第2期。

卢海阳、钱文荣:《子女外出务工对农村留守老人生活的影响研究》,《农业经济问题》2014年第6期。

吕朝阳:《苏北农村基督教发展现状及其原因分析》,《南京师大学报》1999年第6期。

罗敏等:《农村留守老人健康状况的影响因素研究》,《四川大学学报》2011年第3期。

刘梅等:《农村留守老年人心理健康状况影响因素研究》,《医学与哲学》2015年第10期。

穆光宗等:《我国养老风险研究》,《华中科技大学学报》2014年第6期。

裴彩利等:《农村老年人死亡态度的质性研究》,《护理学杂志》2018年第5期。

钱巧霞、苏普玉:《中国农村老年人生活状况及其思考》,《中国农村卫生事业管理》2011年第2期。

宋林飞:《社会风险指标体系与社会波动机制》,《社会学研究》1995年第6期。

宋月萍:《精神赡养还是经济支持:外出务工子女养老行为对农村留守老人健康影响探析》,《人口与发展》2014年第4期。

宋强玲:《城镇化视阈下广西壮族自治区农村留守老人养老问题及对策》,《中国老年学杂志》2015年第18期。

宋健:《"四二一"结构家庭的养老能力与养老风险——兼论家庭安全与和谐社会构建》,《中国人民大学学报》2013年第5期。

孙鹃娟:《劳动力迁移过程中的农村留守老人照料问题研究》,《人口学刊》2006年第4期。

孙鹃娟、冀云:《中国老年人的照料需求评估及照料服务供给探讨》,《河北大学学报》2017年第5期。

苏道义:《加强服务保障完善关爱体系》,《社会福利》2014年第12期。

申秋红、肖红波:《农村留守老人的社会支持研究》,《南方农业》2010年第2期。

童星:《社会管理创新八议——基于社会风险视角》,《公共管理学报》2012年第4期。

庹安写:《贵州农村留守老人社会支持、应对方式与心理健康现状调查》,《中国老年学杂志》2016年第5期。

唐莹等:《西部民族地区留守老年人健康状况与卫生服务利用》,《中国全科医学》2009年第7期。

同春芬、栾丽:《我国农(渔)民健康风险文献研究综述》,《山东农业大学学报》2015年第2期。

王俊文:《基于土地征收视域下的农村"留守老人"问题研究——以江西赣南A镇为例》,《湖南社会科学》2012年第5期。

王雪峤:《农村留守老人情感与精神需求困境破解》,《人民论坛》2015年第20期。

王武林:《民族地区老年妇女信教状况及影响因素研究》,《云南民族大学学报》2015年第1期。

王武林:《老年人宗教选择转变模式及影响因素研究》,《云南民族大学学报》2015年第6期。

王武林:《风险视角下贫困地区老年妇女宗教信仰的影响因素》,《宁夏社会科学》2016年第6期。

王璇、王青:《世俗化与反世俗化——理论述评》,《西藏民族学院学报》2008年第2期。

王一贺、朱宁:《流动人口的婚姻风险研究》,《沈阳工程学院学报》2014年第1期。

王全胜:《农村留守老人问题初探》,《学习论坛》2007年第1期。

韦艳等:《社会支持对农村老年女性孤独感的影响研究》,《人口学刊》2010年第4期。

韦庆旺等:《死亡心理:外部防御还是内在成长?》,《心理科学进展》2015年第2期。

吴惠芳等:《农村留守妇女与宗教信仰》,《农村经济》2010年第1期。

吴仁明等:《留守老人的社会支持——以革命老区邛崃市孔明乡为例》,《中国老年学杂志》2013年第9期。

郇建立:《村民外出打工对留守家人的影响——一份来自鲁西南H村的田野报告》,《青年研究》2007年第6期。

徐晟等:《老年人死亡恐惧量表的编制》,《中国临床心理学杂志》2015年第1期。

谢勇才:《中国独生子女死亡问题研究的回顾与展望》,《社会工作》2015年第2期。

叶敬忠、贺聪志:《农村劳动力外出务工对留守老人经济供养的影响研究》,《人口研究》2009年第4期。

姚力:《我国改革开放以来基督教发展的原因探析》,《当代中国史研究》2004年第3期。

余飞跃:《家庭养老的困境与出路——兼论孝与不孝的理性》,《重庆大学学报》2011年第5期。

杨华、欧阳静:《阶层分化、代际剥削与农村老年人自杀——对近年中部地区农村老年人自杀现象的分析》,《管理世界》2013年第5期。

杨玉霞等:《浙江省部分地区农村老年人社区卫生服务利用状况及医疗费用调查》,《中国慢性病预防与控制》2012年第1期。

张艳斌、李文静:《农村留守老人问题研究》,《中共郑州市委党校学报》2007年第6期。

张志旻等:《共同体的界定、内涵及其生成——共同体研究综述》,《科学与科学技术管理》2010年第10期。

张毅、蒙绍荣:《基督教在广西农村的传播、发展与影响》,《广西民族研究》2013年第1期。

张振国:《天主教在中国本土化的困境与机遇》,《云南社会学》2011年第1期。

张盈华:《老年长期照护的风险属性与政府职能定位:国际的经验》,《西北大学学报》2012年第42期。

张映芹、郭维维:《中国农村贫困的西部集中化特征及其成因》,《陕西师范大学学报》2015年第3期。

赵延东:《社会资本理论评述》,《国外社会科学》1998年第3期。

赵延东:《社会资本理论的新进展》,《国外社会科学》2003年第3期。

赵排风:《健全农村留守老人关爱服务体系的思想渊源和理论基础》,《经济研究导刊》2015年第3期。

赵排风:《健全农村留守老人关爱服务体系问题研究》,《学理论》2015年第4期。

郑青:《论地方政府对农村留守老人养老的政策导向》,《甘肃行政学院学报》2004年第4期。

周红云:《社会资本:布迪厄、科尔曼和帕特南的比较》,《经济体制比较研究》2003年第4期。

周福林：《我国留守老人状况研究》，《西北人口》2006年第1期。

周祝平：《农村留守老人的收入状况研究》，《人口学刊》2009年第5期。

周大鸣：《农村劳务输出与打工经济——以江西省为例》，《中南民族大学学报》2006年第1期。

周沛、周进萍：《独生子女风险及保障研究》，《社会科学研究》2009年第1期。

周伟、米红：《中国失独家庭规模估计及扶助标准探讨》，《中国人口科学》2013年第5期。

周玉茹：《西安城市佛教女性信仰调查》，《咸阳师范学院学报》2008年第5期。

左冬梅、李树茁：《基于社会性别的劳动力迁移与农村留守老人的生活福利——基于劳动力流入地和流出地的调查》，《公共管理学报》2011年第2期。

卓瑛：《农村留守老人问题刍议》，《农业考古》2006年第6期。

褚福灵：《建立养老制度的自适应机制化解老年风险为发展机遇》，《社会保障》2010年第4期。

朱尧耿：《关于流动人口的伦理思考》，《人口研究》2007年第3期。

三 学位论文

汪必旺：《农户经济风险与政策性农业保险分析》，硕士学位论文，中国农业科学院，2011年。

于素芬：《安徽省无为县于棚村留守老人调查报告》，硕士学位论文，安徽大学，2012年。

赵明月：《山东省城乡中老年人常见慢性病现状及其危险因素研究》，硕士学位论文，山东大学，2017年。

赵健：《学习共同体——关于学习的社会文化分析》，博士学位论文，华东师范大学，2005年。

朱婷婷：《"名实不符"：社区老年日间照料服务实践问题研究——以F日间照料中心为例》，硕士学位论文，华东理工大学，2015年。

四 报纸文章

许毅：《健全农村留守老人关爱服务体系》，《中国老年报》2015年3月17日。

叶欣：《关爱农村留守老人 共建有效服务体系》，《中国社会报》2018年4月23日。

张广利：《社会生活共同体就是社区组织吗》，《解放日报》2007年11月1日。

五 外文文献

Aboderin, Isabella, "Modernisation and Ageing Theory Revisited: Current Explanations of Recent Developing World and Historical Western Shifts in Material Family Support for Older People", *Ageing & Society*, Vol. 24, 2004.

Antman Francisca, "How Does Adult Child Migration Affect Elderly Parent Health? Evidence from Mexico", Working Paper, 2009.

Brown, Philip H., Brian Tierney, "Religion and Subjective Well-being Among the Elderly in China", *The Journal of Socio-Economics*, No. 2, 2009.

Chang TanPoo, "Implications of Changing Family Structures on Old-age Support in the ESCAP Region", *Asia-Pacific Population Journal*, Vol. 7, No. 2, 1992.

Chen, D., "Club Goods and Group Identity: Evidence from Islamic ResurgenceDuring the Indonesian Financial Crisis, respond to referees", *American Economic Review*, 2008.

Chen S., "Social Policy of the Economic State and Community Care in

China Culture", 1996.

Chen, X., Silverstein, M., "IntergenerationalSocial Support and the Psychological Well-being of Older Parents in China", *Research on Aging*, No. 22, 2000.

Dwayne Benjamin, Loren Brandt, ScottRozelle, "Aging, Well-bing, and Social Security in Rural North China", *Population and development review*, Vol. 26, 2004.

Deborah Davis-Friedmann, *Long Lives-chinese Elderly and the Communist Revolution*, Harvard University Press, 1983.

Ellison, C., and T. Robert, "Turning to Prayer: Social and Situational Antecedents of Religious Coping among African Americans", *Review of Religious Research*, Vol. 38, No. 2, 1996.

Gui, S. X., "Report from Mainland China: Status and Needs of Rural Elderly in the Suburbs of Shanghai", *Journal of Cross-cultural Gerontology*, Vol. 3, No. 2, 1988.

Goode, W. J., *World Revolution and Family Patters*, New York: Free Press, 1970.

Gerhild, B., Xander, C. J., et al., "Do Religious or Spiritual Beliefs Influence Bereavement?" *A Systematic Review. Palliative Medicine*, Vol. 21, No. 3, 2007.

Hill, Terrence D., "ReligiousInvolvement and Healthy Cognitive Aging: Patterns, Explanations, and Future Directions", *The Journals of Gerontology Series A: Biological Sciences and Medical Sciences*, No. 5, 2008.

Hood Jr., Ralph W., Peter C. Hill, and Bernard Spilka, *The Psychology of Religion: An Empirical Approach*, Guilford Publications Press, 2018.

Hugo, G., "Effects of International Migration on the Family in Indonesia", APN Workshop on Migration and the Family in a Globalizing World, 2001.

Knodel J, Saengtienchai C., "Rural Parents with Urban Children:

Social and Economic Implications of Migration for the Rural Elderly in Thailand", *Population, Space and Place*, Vol. 3, No. 13, 2007.

Kreager P., "Migration, Social Structure and Old-age Support Networks: A Comparison of Three Indonesian Communities", *Ageing & Society*, Vol. 1, No. 26, 2006.

Kaneda T., "A Critical Window for Policymaking on Population Aging in Developing Countries", *Population Reference Bureau*, 2006.

Kaneda, Toshiko, "A Critical Window for Policy Making on Population Aging in Developing Countries", *Population Reference Bureau*, 2006.

Mitiades H. B., "The Social and Psychological Effect of an Adult Child's Emigration on Non-Immigrant Asian Indian Elderly Parents", *Journal of Cross-cultural Gerontology*, Vol. 17, No. 1, 2002.

Murphy R., "Return Migrant Entrepreneurs and Economic Diversification in Two Counties in South Jiangxi, China", *Journal of International Development: The Journal of the Development Studies Association*, Vol. 11, No. 4, 1999.

Pang L., Brauw A., Rozelle S., "Working Until Dropping: Employment Behavior of the Elderly in Rural China", *Department of Agricultural and Resource Economics*, 2004.

Prince M. J., Wu F., Guo Y., et al. "The Burden of Disease in Older People and Implications for Health Policy and Practice", *The Lancet*, Vol. 385, No. 9967, 2015.

Pargament K. I., "The Bitter and the Sweet: an Evaluation of the Costs and Benefits of Religiousness", *Psychological Inquiry*, Vol. 13, No. 3, 2002.

Parish, Willian, Chonglin Shen, and Chi-Hsiang Chang, "Family Support Networks in the Chinese Countryside", No. 95, Chicago-Population Research Center, 1996.

Rudkin L., "Gender Differences in Economic Well-Being among the

Elderly of Java", *Demography*, Vol. 30, No. 2, 1993.

Susan DeVos, Yean-Ju Lee, "Change in Extended Family Living Among Elderly in Sourth Korea 1970–1980", *Economic Development and Cultural Change*, Vol. 41, No. 2, 1993.

Sherkat, Darren E. and Wilson J. Preferences, "Preferences, Constraints, and Choices in Religious Markets: An Examination of Religious Switching and Apostasy", *Social Forces*, Vol. 73, No. 3, 1995.

Stephanie, L., Brown, R. M., et al., "Religion and Emotional Compensation: Results from a Prospective Study of Widowhood", *Personality and Social Psychology Bulletin*, Vol. 30, No. 9, 2004.

Strawbridge, William J., et al., "Religiosity Buffers Effects of Some Stressors on Depression but Exacerbates Others", *The Journals of Gerontology Series B: Psychological Sciences and Social Sciences*, Vol. 53, No. 3, 1998.

Wu, C. P., *The Aging of Population in China*, Malta: Union Print, 1991.

Wilensky H. L., *Rich Democracies: Political Economy, Public Policy and Performance*, University of California Press, 2002.

Zhuo, Yue, and Zai Liang, *Migration and Well-being of the Elderly in Rural China*, Handbook of Chinese Migration, Edward Elgar Publishing, 2015.

六 网络文献

安徽省人民政府：《2014年政府工作报告》，http://xxgk.ah.gov.cn/UserData/DocHtml/731/2014/5/29/328787013296.html。

安徽省人民政府：《关于加快发展养老服务业的实施意见》，http://xxgk.ah.gov.cn/UserData/DocHtml/731/2014/8/6/247144863962.html。

重庆市人民政府：《2014年政府工作报告》，http://www.cq.gov.cn/zwgk/ghjh/2014/1/28/1199980.shtml。

福建省教育厅：《中共福建省委关于贯彻党的十八届三中全会精神全面深化改革的决定》，http：//www.fjedu.gov.cn/html/xxgk/zywj/2013/12/03/fa9f97e0-55ca-4bd8-e040-a8c0906558f1.html。

国务院扶贫开发领导小组：《国家扶贫开发工作重点县名单》，http：//www.cpad.gov.cn/art/2012/3/19/art_343_42.html。

国务院办公厅：《关于印发人口发展"十一五"和2020年规划的通知》，http：//www.gov.cn/zhengce/content/2008-03/28/content_6512.html。

国务院办公厅：《关于落实〈政府工作报告〉重点工作部门分工的意见》，http：//www.gov.cn/zhengce/content/2012-03/27/content_1197.htm。

国务院办公厅：《关于落实〈政府工作报告〉重点工作部门分工的意见》，http：//www.gov.cn/zhengce/content/2014-04/17/content_8766.htm。

国务院办公厅：《关于落实〈政府工作报告〉重点工作部门分工的意见》，http：//www.gov.cn/zhengce/content/2015-04/10/content_9588.html。

国务院办公厅：《关于落实〈政府工作报告〉重点工作部门分工的意见》，http：//www.gov.cn/zhengce/content/2016-03/29/content_5059540.html。

国务院办公厅：《关于印发国家人口发展"十二五"规划的通知》，http：//www.gov.cn/zhengce/content/2012-04/10/content_6496.html。

国务院办公厅：《关于印发社会养老服务体系建设规划（2011—2015年）的通知》，http：//www.gov.cn/zhengce/content/2011-12/27/content_6550.html。

国务院办公厅：《国务院办公厅转发人口计生委扶贫办关于进一步做好人口计生与扶贫开发相结合工作若干意见的通知》，http：//www.gov.cn/zhengce/content/2012-02/10/content_6489.html。

国务院办公厅：《关于印发"十二五"期间深化医药卫生体制改

革规划暨实施方案的通知》，http：//www.gov.cn/zhengce/content/2012-03/21/content_6094.html。

国务院办公厅：《关于批转社会保障"十二五"规划纲要的通知》，http：//www.gov.cn/zhengce/content/2012-06/27/content_7231.html。

国务院办公厅：《关于印发国家基本公共服务体系"十二五"规划的通知》，http：//www.gov.cn/zhengce/content/2012-07/19/content_7224.html。

国务院办公厅：《关于进一步做好为农民工服务工作的意见》，http：//www.gov.cn/zhengce/content/2014-09/30/content_9105.html。

国务院办公厅：《关于进一步动员社会各方面力量参与扶贫开发的意见》，http：//www.gov.cn/zhengce/content/2014-12/04/content_9289.html。

国务院办公厅：《关于推进基层综合性文化服务中心建设的指导意见》，http：//www.gov.cn/zhengce/content/2015-10/20/content_10250.html。

贵州省人民政府：《关于进一步深化医药卫生体制改革的意见》，http：//www.gzgov.gov.cn/xxgk/jbxxgk/fgwj/zfwj/qff/232925.shtml。

贵州省人民政府：《关于印发实施深入推进毕节试验区改革发展规划（2013—2020年）重点工作部门分工方案的通知》，http：//govinfo.nlc.gov.cn/gzsfz/xxgk/gzsrmzfbgt/201401/t20140114_4577729.shtml。

贵州省人民政府：《关于进一步做好为农民工服务工作的实施意见》，http：//www.gzgov.gov.cn/xxgk/jbxxgk/201510/t20151008_341227.html。

贵州省人民政府：《关于进一步加强农村留守老人关爱服务工作的实施意见》，http：//www.gzgov.gov.cn/xxgk/jbxxgk/fgwj/zfwj/qfbh/201601/t20160127_370224.html。

贵州省人民政府：《贵州省工作报告》，http：//m.gzgov.gov.cn/xxgk/jbxxgk/gzbg/gzsgzbg/201609/t20160918_552195.html。

国家统计局：《我国跨省人口流动呈现六大特点》，http：//www.gov.cn/jrzg/2007-05/24/content_625089.htm。

黑龙江省人民政府：《关于印发黑龙江省开展农村留守儿童摸底排查工作实施方案的通知》，http：//www.hlj.gov.cn/gkml/detail.html?t=2&d=342326。

黑龙江省人民政府：《关于印发黑龙江省全民科学素质行动计划纲要实施方案（2016—2020年）的通知》，http：//www.hlj.gov.cn/gkml/detail.html?t=2&d=339657。

河北省卫生和计生委员会：《关于开展流动人口计生协示范点建设工作的通知》，http：//info.hebei.gov.cn/eportal/ui?pageId=1991949&articleKey=6631099&columnId=330156。

河南省人民政府：《关于进一步做好为农民工服务工作的实施意见》，http：//www.henan.gov.cn/zwgk/system/2015/08/20/010577681.shtml。

吉林省民政厅：《关于加强农村留守老年人关爱服务工作的实施意见》，http：//mzt.jl.gov.cn/mztyw_74291/shflhcssy/fgwj/201810/t20181016_5153093.html。

江苏省人民政府：《关于印发江苏省国民经济和社会发展第十三个五年规划纲要的通知》，http：//www.jiangsu.gov.cn/jsgov/tj/bgt/201603/t20160331497150.html。

辽宁省人民政府：《关于进一步做好人口计生与扶贫开发相结合工作实施意见的通知》，http：//govinfo.nlc.cn/lnsfz/xxgk/liaon/201505/t20150527_7262566.shtml。

李克强：《切实保障改善民生，加强社会建设》，http：//www.gov.cn/guowuyuan/2016-03/05/content_5049336.html。

民政部、财政部：《关于加快推进社区社会工作服务的意见》，http：//www.gov.cn/gongbao/content/2014/content_2600242.htm。

内蒙古民政厅：《关于进一步加强关爱农村牧区留守儿童、留守妇女、留守老人服务工作的意见》，http：//www.nmg.gov.cn/xxgkpt/mzt/xxgkml/201509/t20150930_500408.html。

山东省人民政府：《关于进一步做好新形势下农民工工作的意见》，http：//www.shandong.gov.cn/art/2013/9/6/art_285_5646.html。

山东省民政厅：《关于印发〈山东省政府购买社会工作服务实施办法〉的通知》，http：//xxgk.shandong.gov.cn/msgopen/activeopenlist/? DeptId=7cfaea79-bbbe-4e66-89f1-df80cdc67699&DeptName=%u7701%u6C11%u653F%u5385l。

山东省人民政府：《关于贯彻国发〔2016〕13号文件加强农村留守儿童关爱保护工作的实施意见》，http：//www.shandong.gov.cn/art/2016/6/23/art_285_10061.html。

四川省人民政府：《关于印发四川省国民经济和社会发展"十二五"规划基本思路的通知》，http：//www.sc.gov.cn/10462/10464/10684/10692/2010/10/18/10145323.shtml。

四川省人民政府：《关于进一步加强农村留守儿童和留守老人救助管理工作的意见的通知》，http：//www.sc.gov.cn/10462/10883/11066/2011/6/15/10165520.shtml。

四川省人民政府：《关于印发四川省"十二五"人口发展规划2012年实施计划的通知》，http：//www.sc.gov.cn/10462/10883/11066/2012/3/19/10203598.shtml。

四川省人民政府：《转发省人口计生委省扶贫移民局关于进一步做好人口计生与扶贫开发相结合工作实施意见的通知》，http：//www.sc.gov.cn/10462/10883/11066/2012/8/29/10224013.shtml。

四川省人民政府：《关于印发四川省"十二五"深化医药卫生体制改革规划暨实施方案的通知》，http：//www.sc.gov.cn/10462/10883/11066/2012/11/19/10236247.shtml。

四川省人民政府：《关于支持群团组织参与社会管理服务民生改善工作的通知》，http：//www.sc.gov.cn/10462/10883/11066/2012/11/30/10237843.shtml。

四川省人民政府：《四川省人民政府关于加快发展养老服务业的实施意见》，http：//www.sc.gov.cn/10462/1088 3/11066/2014/2/

17/10293595. shtml。

四川省人民政府：《关于印发四川省深化医药卫生体制改革2014年主要工作安排的通知》，http：//www.sc.gov.cn/10462/10883/11066/2014/6/17/10304981. shtml。

四川省人民政府：《关于加强老年人关爱服务体系建设意见的通知》，http：//www. sc. gov. cn/10462/10883/11066/2015/2/5/10326395. shtml。

四川省人民政府：《关于深化收入分配制度改革的实施意见》，http：//www. sc. gov. cn/10462/10883/11066/2015/2/12/10327082.shtml。

四川省人民政府：《关于进一步做好为农民工服务工作的实施意见》，http：//www. sc. gov. cn/10462/10883/11066/2015/4/16/10332639. shtml。

中共中央办公厅、国务院办公厅：《关于深入推进农村社区建设试点工作的指导意见》，http：//www. gov. cn/xinwen/2015-05/31/content_2871051. html。

张和：《在全省农村工作会议上的讲话》，http：//info. hebei. gov. cn/eportal/ui? pageId = 1962757&articleKey = 3747 42&columnId = 329982。

朱小丹：《在广东省第十二届人民代表大会第三次会议上作政府工作报告》，http：//zwgk. gd. gov. cn/006939748/201502/t20150215_569876. html。

朱小丹：《在广东省第十二届人民代表大会第四次会议上作政府工作报告》，http：//zwgk. gd. gov. cn/006939748/201602/t20160201_641795. html。